親鸞聖人の「御消息」を味わう

～現代語訳・解説・原文～

瓜生津《うりゅうづ》隆文《りゅうぶん》

はじめに

聖人の書簡は、現在「御消息《ごしょうそく》」として四十三通が知られ、その他に証文の書状一通が伝わっています。御消息は、「真蹟《しんせき》」として原本が伝えられているものが十一通あります。「御消息集」として後世にまとめられたものとしては、『親鸞聖人御消息集』（広本）十八通、『同』（略本）十通、『御消息集』（善性本）七通、『親鸞聖人血脈文集《けちみゃくもんじゅう》』五通、『五巻書《ごかんじょ》』五通、『末燈鈔《まっとうしょう》』二十二通等があり、部分的に相互に重複しています。また真蹟以外の消息で、いずれの消息集にも収録されていない消息が一通あります。

個々の消息の日付に関しては、別筆も含めて年月日の記されているものは十通に過ぎません。月日があって年号はないが内容から確定のできるものが四通、年月日はないが年号のわかるものが三通あります。以前に一度口語訳の書簡集を編纂したときは、年号を考慮せずに、月日順に並べましたが、今回は年号のわかるものと推定したものとを合わせて、可能なかぎり年代順に並べました。

また、この種の書籍を編纂する場合は、原文を先に置いて後に解説と現代語訳を付けるのが普通ですが、本書では、先に現代語訳を置き、次に解説、最後に原文を置くという変則的な構成としました。まず現代語訳によって全体の文脈をつかみ、次に解説によって時代的な背景や教義上の要点、その他の諸事情を理解した上で、最後に原文を、ゆっくり味わって読むという趣旨です。解説も、煩雑になってかえって理解を妨げることのないようにと愚考して、最小限にとどめました。

聖人の生涯と御消息

聖人は、平安末期の争乱の絶えない世にあって、都の近郊の日野の里（現在京都市伏見区）に下級貴族の子弟としてお生まれになりました。しかし時代の荒波に飲み込まれ、幼くして一家離散の憂き目に遭われます。数え年九歳のとき、養父であった伯父の範綱《のりつな》に連れられて慈鎮和尚《じちんかしょう》（慈円）の門を訪ね、出家なさいます（『御伝鈔』）。

その後、おそらくは数年を待って比叡山（現在大津市）にのぼり、さまざまな修行や学問に励まれます。常行三昧《じょうぎょうざんまい》や不断念仏《ふだんねんぶつ》などを修する堂僧《どうそう》も勤められました。しかし末法においては聖道門《しょうどうもん》の修行では救われがたいとの結論に達せられ、御年《おんとし》二十九歳の春、山を下りられます。六角堂《ろっかくどう》での参籠《さんろう》を経て、東山の吉水《よしみず》に法然上人を訪ね、お弟子となられます。

それ以降の六年間は、法然上人のもとでひたすら専修念仏の教えを学ばれました。三十五歳のとき、無実の罪を着せられ、還俗《げんぞく》させられたうえ流罪《るざい》の身となられ、都での修学生活に終止符が打たれます。配所は越後の国です。この事件を契機に、恵信尼公《えしんにこう》と結婚なさったと考えられます。その後聖人は、家族をともなって関東に赴くことになります。しかしその間の消息は、はっきりしません。

覚如上人の『御伝鈔《ごでんしょう》』によれば、建暦《けんりゃく》元年（一二一一）、聖人三十九歳の年に流罪を解かれたといいます。『恵信尼文書《もんじょ》』には、建保《けんぽう》二年（一二一四）、聖人四十二歳のときに、上野《こうずけ》の国佐貫《さぬき》より常陸《ひたち》へ入られたとの記事がありますので、流罪が解かれた後も、しばらくは越後にとどまっていらっしゃったようです。かくして、初めて足を踏み入れた関東の地での、およそ二十年にわたるご布教が始まります。面授《めんじゅ》の門弟のほとんどが関東在住であったというのも、そのような事情によるのです。

さて、晩年には、ふたたび都に住まわれることになります。しかし、目立った布教活動の痕跡は見られず、お聖教《しょうぎょう》の書写や註釈書の執筆、御本典《ごほんでん》（『教行信証』）の推敲、御和讃《ごわさん》の製作など、執筆や文書伝道に力を注がれたようです。帰洛の時期に関しては、はっきりしませんが、『口伝鈔《くでんしょう》』には、文暦《ぶんりゃく》二年（一二三五）、聖人六十三歳の年、一切経の校合《きょうごう》のために鎌倉に滞在していらっしゃったときのことが記され、また帰路にあたる各地には、ご逗留・ご教化《きょうけ》の伝承が残っており、そのほとんどが文暦二年（嘉禎元年）と伝えていることから、ご布教のための滞在を重ねつつ、六十三歳の中頃以降に、都に入られたものと推測されます（六十歳で常陸を離れられた聖人が六十二歳の八月まで相模の国府津に逗留されたとの伝承もあり、『口伝鈔』の示す年号が事実とすれば、長期の滞在を経て、鎌倉から直接お帰りになったとも考えられます）。

現存の消息で、年号の付されたもののなかで、最も早い時期のものは、建長三年（一二五一）の閏《うるう》九月、聖人七十九歳のときの御消息です。その翌年から関東のお弟子とのあいだで書簡のやり取りが頻繁になされるようになります。それは関東の同朋の内外に、さまざまな問題が起こり始めた時期と重なります。御消息が聖人の晩年のある時期に集中しているのは、そのような事情があったのです。諸問題が収まった後も、最晩年に至るまで、お弟子からご法義の質問が寄せられると、その一つひとつに、丁寧に答えてゆかれました。

帰洛後の東国における、同朋の赤裸《せきら》な現実、さまざまな困難に遇《あ》いながらも、ひたむきに信仰に生きた人々の息吹とともに、聖人を文書伝道へと突き動かした切なる思いと願いが、御消息に、今も息づいていると申せましょう。

◇もくじ◇

凡例

◎消息の順序は、まず年号の明らかなものと内容から推定したものを区別なく年月順に配列した。月日の明らかでないものは、原文の底本の順序をもとに、適宜配置した。その後に、年号が推定できなかったものを、原文の底本の順序に従って配置した。年号を推定したものに関しては、できるかぎりその根拠を挙げた。

◎訳文は、『口語訳書簡集・親鸞聖人からのたより』（筆者訳・探究社刊）を随時参照しながらも、一から訳し直した。

◎解説は、『大法輪』（平成十九年二月号～六月号）の大法輪カルチャー講座「親鸞聖人の手紙を味わう」（筆者記述）で取り上げた消息に関しては、その解説を参考にしたが、本書の趣旨にそって、すべて書き下ろした。

◎原文は、『浄土真宗聖典（原典版）』（本願寺出版部）所収の「親鸞聖人御消息」を底本として依用した。ただし、後世に付加されたと思われる標題は除いた。

◎原文には「法然聖人」という尊称が見られるが、解説等では、より一般的で広く使われている「法然上人」という言葉を用いた。
なお原文に関しては、以下の措置をとった。
①漢字は、現在の常用漢字表にあるものは、原則として常用漢字に改めた。
②振り仮名は、現在の発音に基づき、現代仮名遣いによるものに変更した。振り仮名を打つ箇所は、底本によらず、独自に判断した。また底本の振り仮名が適切でないと判断したものは改めた。
③底本に濁点はないが、これを加えた。
④句読点がなく余白を以て言葉を句切る様式は踏襲したが、余白の場所を適宜変更した。
⑤「まゝ」「もろ〳〵」などの繰り返し記号は、「まま」「もろもろ」のように仮名表記に変更した。
⑥註釈を施した言葉には「＊」印を付し、註釈は【語釈】の項目にまとめて置いた。

親鸞聖人の「御消息」を味わう

〜現代語訳・解説・原文〜

（一）「わうごぜんへ」

——推定寛元元年の消息（三月二十八日付）

【現代語訳】

（第一通）

下女のいやの件ですが、書状を書いてお送り申すことはできたようです。いまだ落ち着き先も決まらず、心細い思いで暮らしている模様です。どうにもこうにも、なす術《すべ》がなく、どうすることもできずにいる状況です。あなかしこ

三月二十八日　［花押］

王御前《おうごぜん》へ　しんらん

【解　説】

本消息は、真筆のみが伝えられ、どの消息集にも集録されていません。年号は付されていません。本書では取り上げませんが、「いや女《おんな》譲り状」と呼ばれる寛元《かんげん》元年（一二四三）、聖人七十一歳のときの真筆の書状が遺っています（十二月二十一付）。内容から見て、同じ寛元元年の書状と推測しました。「譲り状」の方には、「いや女」は、「せう《しょう》阿弥陀仏《あみだぶつ》」（あま御前）という人物が代金を払って所有していた下人で、「ひむがし《（東）》の女房」に譲り渡す旨《むね》が記され、その証文として聖人が記されたものと考えられます。本消息の始めに「ふみかきて　まいらせられ候《そうろう》なり（書状を書いてお送り申すことはできたようです）」とあります。「なり」は文脈から判断して伝聞推定の「なり」で、「せう阿弥陀仏」のことを言ったものと推測されます。「せう阿弥陀仏」には、こういう方面の才覚はなかったのでしょう。一応書状を書いて送ることはできたが、どうなることかと思っていたところ、「ひむがしの女房」が譲り受けることに決まった、しかし不安が残るので、聖人が、いわば保証人となって、譲り状を代理で書いて送られたということのようです。

　本消息は、「ひむがしの女房」に譲り渡すことがいまだ決まらない段階のもので、後半部分は、新たな所属先が決まらず本人は落ち込んでいるという内容です。宛名にある「王御前」は、聖人の末娘、覚信尼《かくしんに》のことです。なぜ覚信尼にこのような書状を出したのかということを考えてみますに、覚信尼もまた、いや女の行く末を心配していた一人ということになりますが、もとは覚信尼に仕えていた下人であった可能性もあります。その縁で、聖人が、親身になって仲介の労を執られたと考えれば腑《ふ》に落ちます。

　きわめて短い事務的な書信ですが、何とかしてやりたいが、どうすることもできず、心配を募らせていらっしゃるという、聖人の日常のひとこまが偲ばれる一通です。

【原　文】

いやおむな（いや女）のこと　ふみかきて　まいらせられ候《そうろう》なり　いまだ　ゐどころも
なくて　わびゐて候なり　あさましく　あさましく　もてあつかいて　いかに

すべしともなくて候なり　あなかしこ
三月二十八日　　　　　　　　［花押］
わ□ごぜんへ　　　　　　　　しんらん

（二）「愚禿親鸞七十九歳」

——建長三年閏九月二十日付の消息

【現代語訳】

（第二通）

来迎《らいこう》は、諸行《しょぎょう》で浄土へ往生しようと考えるとき問題となります。自力をたのみとする行者《ぎょうじゃ》だからです。臨終を重んずるのは、諸行往生を望む人たちです。いまだ真実の信心を得ていないからです。また、十悪《じゅうあく》を重ね五逆《ごぎゃく》の罪を造った者が、臨終に初めて善知識《ぜんぢしき》に遇《あ》って勧化《かんけ》を受けたような場合に言うことです。真実信心を得た人は、摂取不捨《せっしゅふしゃ》の光明におさめ取られたのであって、まさしくさとりへと定まった正定聚《しょうじょうじゅ》の位に身を置いたのです。それゆえに臨終の正念《しょうねん》を期することも来迎をあてにすることもありません。信心が定まるときに、往生も定まるのです。来迎の規則や儀式を待ちません。

真宗で正念というのは、本願の信楽《しんぎょう》が定まることを言います。この信心をうるゆえに、この上なき涅槃《ねはん》の境地に必ず至るのです。この信心を一心《いっしん》と申します。この一心を金剛心《こんごうしん》とも申します。この金剛心を大菩提心《だいぼだいしん》と言うのです。すなわち他力のなかの他力です。

また正念には二つあって、一つには定善《じょうぜん》を試みる行人《ぎょうにん》の正念、二つには散善《さんぜん》を心掛ける行人の正念です。この二つの正念は、他力のなかの自力の正念です。定散《じょうさん》の善は、諸行往生の範疇《はんちゅう》に属します。この善は、他力のなかの自力の善です。この自力の行人は、来迎を待たずしては辺地《へんじ》の胎生《たいしょう》、懈慢界《けまんがい》への往生すら望めません。それゆえに第十九の誓願に、「もろもろの善を浄土に廻向《えこう》して往生を願う人の臨終には、わたしが現じて迎えよう」とお誓い下さいました。臨終を期することと来迎あっての往生ということは、この定心《じょうしん》・散心《さんしん》の行者の言うことなのです。

選択本願《せんじゃくほんがん》の行《ぎょう》は、有念《うねん》とも違うし、無念《むねん》とも違う。有念とは、仏《ぶつ》・菩薩《ぼさつ》のお姿や浄土の様相を念ずる観法《かんぽう》を言うのです。無念というのは、形を心に掛けず、姿を想わずして、想念もない観法です。これはみな聖道門《しょうどうもん》の教えです。「聖道」というのは、すでに浄土で仏にお成りになった方々が、わたしたちの心を誘い導くために（方便して現された）仏心宗《ぶっしんしゅう》、真言宗《しんごんしゅう》、法華宗《ほっけしゅう》、華厳宗《けごんしゅう》、三論宗《さんろんしゅう》等の至極《しごく》の大乗《だいじょう》の教えです。仏心宗というのは、近年盛行している禅宗のことです。また法相宗《ほっそうしゅう》、成実宗《じょうじつしゅう》、倶舎宗《くしゃしゅう》等の権教《ごんきょう》、小乗《しょうじょう》等の教えです。これらはみな聖道門です。「権教」というのは、すでに仏にお成りあそばした方や還相《げんそう》の菩薩がたが、仮にさまざまの形を現してお勧め下さったものゆえ「権」と言うのです。

浄土宗のなかにも、有念ということ、無念ということがあります。有念は、日々の善業《ぜんごう》を振り向ける散善を意味し、無念は、心を凝《こ》らして浄土や仏・菩薩を観ずる定善を意味します。浄土門で言う無念は、聖道門の無念とは別物です。また聖道門の無念のなかに、さらに有念があります。これはそちらの方に、よくお尋ね下さい。

浄土宗のなかに、真《しん》があり、仮《け》があります。真というのは、選択本願の宗旨です。仮というのは、定散二善の宗旨。選択本願の宗旨が浄土真宗です。定散二善は、方便仮門《ほうべんけもん》に属します。浄土真宗は、大乗仏教の窮極《きゅうきょく》のあり方です。方便仮門のなかに、また大乗・小乗、権教・実教《じっきょう》のすべてが収まります。釈迦如来のお示しになった善知識は、『華厳経《けごんぎょう》』によれば百十人です。

南无阿弥陀仏《なもあみだぶつ》

建長《けんちょう》三年辛亥《かのとのい》閏《うるう》九月二十日

愚禿《ぐとく》親鸞七十九歳

【解　説】

法語形式で綴《つづ》られています。年月日の記されている消息のなかでは、最も早い時期のもので、文章からも覇気が感じられます。内容的には、仏教全体のなかで浄土真宗がどのような位置にあるかという、『教行信証《きょうぎょうしんしょう》』で示された壮大な教相判釈《きょうそうはんじゃく》（仏教全体を整理分類し教えを位置づけること）を凝縮して簡潔に示したものとなっています。あらゆる宗旨が、最終的に浄土真宗へと導くために設けられた方便の教えであって、混同しないように、違いをしっかりわきまえるべきである、しかし仏・菩薩の手だてなのだから、その意味では同列であり、決して謗《そし》ってはならない、というお心と拝察します。

消息の冒頭において、「諸行往生」についてまず触れています。これは当時聖人が盛んに書写して門弟に送られた、聖覚法印《せいかくほういん》の『唯信鈔《ゆいしんしょう》』の内容を受けています。法然上人《ほうねんしょうにん》は、『選択集《せんじゃくしゅう》』のなかで、諸行往生と念仏往生を対比され、往生の行としては、まさに阿弥陀仏の本願にかなう念仏を、選ぶべきであると示されました。それを受けて聖覚法印は、『唯信鈔』において、さまざまの聖教《しょうぎょう》を引用して、ねんごろに諸行往生と念仏往生について述べ、念仏往生をたたえて勧められました。

諸行往生の要素は、臨終の行儀とともに、もともと聖道門系の浄土教では普通にあったことです。法然上人が亡くなって年月が経つと、法然門下においても、廃されたはずの諸行を、さまざまの形で念仏に取り込んで勧める人が現れるようになります。それも都だけでなく、関東にまでその影響が及んでいったことが窺え、そういう動きに対処するという意味合いもあって、この点を最初に指摘されたのかも知れません。いずれにせよ、法然上人の教えを正確に受け継いでいる聖覚法印の書を、聖人は敬いをもって書写し、解説書である『唯信鈔文意《ゆいしんしょうもんい》』を世に送り出されました。

【原　文】

*来迎《らいこう》は　*諸行往生《しょぎょうおうじょう》にあり　*自力《じりき》の行者《ぎょうじゃ》なるがゆへに　臨終といふことは　諸行往生のひとに　いふべし　いまだ真実の信心を　えざるがゆへなり　また*十悪《じゅうあく》*五逆《ごぎゃく》の罪人の　はじめて*善知識《ぜんぢしき》にあふて　すすめらるるときに　いふことなり　真実信心の行人《ぎょうにん》は　摂取不捨《せっしゅふしゃ》のゆへに　*正定聚《しょうじょうじゅ》のくらゐに住す　このゆへに　臨終まつことなし　来迎たのむことなし　信心のさだまるとき　往生またさだまるなり　来迎の儀則《ぎそく》をまたず　正念《しょうねん》といふは　*本弘誓願《ほんぐぜいがん》の信楽《しんぎょう》さだまるをいふなり　この信心うるゆへに　かならず　*無上涅槃《むじょうねはん》に　いたるなり　この信心を　一心《いっしん》といふ　この一心を　*金剛心《こんごうしん》といふ　この金剛心を*大菩提心《だいぼだいしん》といふなり　これすなはち　*他力《たりき》のなかの他力なり　又正念といふに

つきて　二《ふたつ》あり　一《ひとつ》には　定心《じょうしん》の行人の正念　二《ふたつ》には　散心《さんしん》の行人の正念あるべし　この二の正念は　他力のなかの　自力の正念なり　*定散《じょうさん》の善《ぜん》は　諸行往生のことばに　おさまるなり　この善は　他力のなかの　自力の善なり　この自力の行人は　来迎をまたずしては　*辺地胎生《へんじたいしょう》　*懈慢界《けまんがい》までも　む《(生)》まるべからず　このゆへに　第十九の誓願に　もろもろの善をして　浄土に廻向《えこう》して　往生せんと　ねがふ人の臨終には　われ現じてむかへんと　ちかひたまへり　臨終まつことと　来迎往生といふことは　この定心散心の行者の　いふことなり　*選択本願《せんじゃくほんがん》は　有念《うねん》にあらず　無念《むねん》にあらず　有念は　すなはち　色形をおもふにつきて　いふことなり　無念といふは　かたちを　こころにかけず　色を　こころにおもはずして　念もなきをいふなり　これみな　聖道《しょうどう》のをしへなり　聖道といふは　すでに仏になりたまへる人の　われらがこころをすすめんがために　仏心宗《ぶっしんしゅう》　真言宗《しんごんしゅう》　*法華宗《ほっけしゅう》　華厳宗《けごんしゅう》　三論宗《さんろんしゅう》等の　大乗《だいじょう》至極《しごく》の教なり　仏心宗といふは　この世にひろまる　禅宗これなり　また法相《ほっそう》宗《しゅう》　成実宗《じょうじつしゅう》　倶舎宗《くしゃしゅう》等の*権教《ごんきょう》　小乗《しょうじょう》等の教なり　これみな　聖道門なり

権教といふは　すなはち　*すでに仏《ぶつ》になりたまへる　仏菩薩《ぶつぼさつ》の　かりに　さまざまの形をあらはして　すすめたまふがゆへに　権といふなり　浄土宗にまた有念あり　無念あり　有念は　散善の義　無念は　定善《じょうぜん》の義なり　浄土の無念は　聖道の無念にはにず　またこれ　聖道の無念のなかに　また有念ありよくよく　とふべし　浄土宗のなかに　真《しん》あり　仮《け》あり　真といふは　選択本願なり　仮といふは　定散二善なり　選択本願は　浄土真宗なり　定散二善は方便仮門《ほうべんけもん》なり　浄土真宗は　大乗のなかの　至極なり　方便仮門のなかに　また*大小権実《だいしょうごんじつ》の教《きょう》あり　釈迦如来の御善知識は　一百一十人なり　華厳経《けごんぎょう》にみえたり

南无阿弥陀仏《なもあみだぶつ》

建長《けんちょう》三歳辛亥閏《うるう》九月廿日《はつかのひ》

愚禿《ぐとく》親鸞七十九歳

【語　釈】

来迎《らいこう》　阿弥陀仏および諸菩薩が臨終に行者の眼前に姿を現すこと。なお原本には、冒頭に「有念無念の事」という標題があるが、後に付加されたものと考えて除いた。

諸行往生《しょぎょうおうじょう》　聖道門の行である諸善万行《しょぜんまんぎょう》を廻向して極楽へ往生しようとすること。

自力の行者《じりきぎょうじゃ》　自らの積む善根功徳《ぜんごんくどく》をたよりに修行に励む者。

十悪《じゅうあく》　殺生《せっしょう》、偸盗《ちゅうとう》、邪淫《じゃいん》、妄語《もうご》、両舌《りょうぜつ》、悪口《あっく》、綺語《きご》、貪欲《とんよく》、瞋恚《しんに》、愚癡《ぐち》の十の悪。

五逆《ごぎゃく》　五逆罪。父を殺す罪、母を殺す罪、阿羅漢《あらかん》を殺す罪、仏身より血を流させる罪、和合の僧伽《そうぎゃ》を破する罪の五つの罪。大乗独自の五逆もある。

善知識《ぜんちしき》　さとりへと導く善き師、善き友。

正定聚《しょうじょうじゅ》　必ず仏となることが定まった仲間。

本弘誓願の信楽《ほんぐぜいがんしんぎょう》　本願の救いをそのまま信じ心の底から喜ぶ心。

無上涅槃《むじょうねはん》　この上ないさとりの境地。仏のさとり。

金剛心《こんごうしん》　金剛石《こんごうせき》（ダイヤモンド）のごとく

堅固《けんご》で破られない心。

大菩提心《だいぼだいしん》　衆生《しゅじょう》とともに仏のさとりを願い求める心。

他力《たりき》　阿弥陀仏の功徳やはたらきにまかせること。

定散《じょうさん》**の善**《ぜん》　定善と散善。定善は非日常の環境で心を凝らして浄土や仏・菩薩を観ずる行、散善は日常の散乱した心（散心）のまま廃悪修善《はいあくしゅぜん》を心掛ける行のこと。

辺地胎生《へんじたいしょう》　『無量寿経《むりょうじゅきょう》』の説で辺地は極楽の片辺の意。胎生は四生《ししょう》の一つで、母胎から生まれること。疑城胎宮《ぎじょうたいぐ》にとどまることを譬《たと》えている。

懈慢界《けまんがい》　『菩薩処胎経《ぼさつしょたいきょう》』に説かれる。辺地と同様、化土《けど》を指す。

選択本願《せんじゃくほんがん》　称名念仏《しょうみょうねんぶつ》を特に選んで誓った本願の意。第十八願を指す。

法華宗《ほっけしゅう》　天台宗のこと。

権教《ごんきょう》　真実の教えに導くために一時的に説かれた仮の教え。

すでに仏《ぶつ》**になりたまへる仏**《ぶつ》**・菩薩**《ぼさつ》　たとえば龍樹菩薩《りゅうじゅぼさつ》や世親菩薩《せしんぼさつ》のような方々である。

大小権実《だいしょうごんじつ》**の教**《きょう》　大乗教と小乗教、権教と実教。実教は、真実を説くための教えだが方便に分類される教え。

（三）「無明の酔ひもやうやう少しづつさめ」

――建長四年二月二十四日付の消息

【現代語訳】

（第三通）

皆さまよりのお志《こころざし》のもの、目録どおり、確かに賜りました。明教房《みょうきょうぼう》のご上洛、有難いことでありました。皆さまのお志、申し尽くし難う存じます。明法房《みょうほうぼう》のご往生のこと、おどろき申すべきことではないのでありましょうが、返すがえす、うれしゅう存じます。鹿島《かしま》、行方《なめかた》、奥郡《おうぐん》、これらの地で浄土往生を願っていらっしゃる人々、みなの喜びであります。また、平塚《ひらつか》の入道《にゅうどう》殿のご往生のこと、聞きましたが、尽きせぬ感慨を覚えます。その尊さ、言い尽くせるものではありません。お一人お一人が、往生にまちがいなしと思える身になって下さい。

しかしながら、往生を願っていらっしゃる人々のなかにも、納得しがたい言動もありました。今もそうではないかと想像します。京でも、心得ちがいをして惑《まど》う者が絶えません。諸国からも、何くれと聞こえてまいります。法然聖人《ほうねんしょうにん》のお弟子のなかにも、われはひとしなみでない学者だと自負していた人々も、今ではいろいろに教義を言いかえて、自らも惑い、人をも惑わして、ともに煩《わずら》っているありさまです。

お聖教《しょうぎょう》を見ることもなく、教えの中身を知らない皆さんのような人々は、往生には罪も障《さわ》りにならぬというところだけを聞いて、誤って理解されることも、しばしばでした。今もそうではないかと想像します。浄土の教えを理解していない信見房《しんけんぼう》などの申すことで、事態がいよいよ悪化してゆくのを聞くにつけ、心苦しく思っております。

まず、お一人お一人が、昔は弥陀の誓いのことをも知らず、阿弥陀仏のみ名をも申すことのない身であったのが、釈迦・弥陀のご方便にもよおされて、弥陀の誓いを聞き始められたところです。もとは無明《むみょう》の酒に酔って、貪欲《とんよく》・瞋恚《しんに》・愚痴《ぐち》の三毒《さんどく》ばかり好んで召し上がっていたのが、仏《ぶつ》の誓いを聞き始めたことで、無明の酔いも、ようやく少しずつ醒め、三毒をも、少しずつ好まぬようになって、阿弥陀仏の薬を常に好んで召し上がる身となったのです。それなのに、酔いもまだ醒めきらぬうちに、重ねて酔いに誘い、毒も消えやらぬのに、なお毒を勧めていらっしゃるとしたら、それこそあさましい姿です。煩悩具足《ぼんのうぐそく》の身であるからといって、心にまかせて、身になすべきでない行動を許し、口に言うべきでない言葉を許し、心にも、思うべきでないことを許して、どのようにでも、心のままであってよいなどと言っているとしたら、ほとほと気の毒な人です。酔いの醒めぬ先に、なお酒を勧め、毒も消えやらぬのに、ますます毒を勧めるようなものです。薬があるから毒を好め、というようなことは、あってよいはずもないと存じます。仏のみ名を聞き、念仏を申すようになって久しい人々は、来世の境遇を憂《うれ》うるしるし、身の悪《あ》しき習慣を離れようと思《おぼ》し召す徴候があってしかるべきかと存じます。誓いを聞き始めたばかりの人々が、わが身の行いが悪く、心の善からぬことを思い知って、わたくしのような者が、どうしてお浄土へ参れましょうかと、そういう心配をしている人にこそ、われら凡夫《ぼんぶ》は、もとより煩悩から離れられない身であるから、心の善し悪《あ》しを問わず、迎えて下さるのだよと、このように申すのです。このように聞いて後、仏を信じてゆこうという心が深まれば、ほんとうにこの身のありさまをも厭《いと》い、迷いの境界《きょうがい》を流転《るてん》していることをも悲しんで、深く誓いを信じ、阿弥陀仏のみ名をも好んで申すような人は、当然、心のままに善からぬ行いはすまいとお思いになるようであってこそ、世のありさまを厭う験《しるし》とも申せましょう。また浄土往生を信ずる信心は、釈迦・弥陀のお勧めによっておこると、お聖教に見えますので、そのような身ではあっても、まことの心である信心がおこった暁《あかつき》には、どうして昔のままの心持ちでありえましょうか。

こちらの人々のなかにも、少々善からぬ様子があるように聞き及んでおります。師を謗《そし》ったり、善知識《ぜんぢしき》を軽んじたり、同行《どうぎょう》に対しても、侮《あなど》った態度を取っているとのことですが、残念至極であります。すでに謗法《ほうぼう》の人です。五逆《ごぎゃく》（五逆罪）同然の人です。親しく交わるべきではありません。

『浄土論《じょうどろん》』（論註）という書物には、「このような人は、結局、仏法を信ずる心がないからそうした心も起こるのである」とあります。また「至誠心《しじょうしん》の釈《しゃく》」（散善義）には、「かように悪を好む人には、謹《つつし》んで遠ざかれ、近づくべからず」と説かれています。同行や善知識にこそ、親しみ近づけと説いてあります。悪を好む人にも近づくことがあるとすれば、それは浄土に参って後《のち》、衆生済度《しゅじょうさいど》のために娑婆《しゃば》に還《かえ》った折には、そのような罪のある人とも、なれ合うことはあるでしょう。それも、わがはからいでなしうることではありません。弥陀のお誓いによって、お導きによってこそ、思いどおりの活動もできるのです。ただ今は、この身のありさまでは、いかんともなしがたいと存じます。よくよくご思案下さい。浄土往生の金剛心《こんごうしん》のおこることは、仏の御《おん》はからいによるわけですから、金剛心をお取りになった人が、師を謗ったり善知識を侮ったりすることは、ありえないと存じます。

この書状を、鹿島、行方、南荘《みなみのしょう》、どちらへも、仏法に志のありそうな人には、同じお心で、読み聞かせて下さいますよう望みます。あなかしこ　あなかしこ

建長《けんちょう》四年二月二十四日

【解説】

第二通の記された翌年、建長四年（一二五二）二月二十四日付、聖人八十歳のときの消息です。明教房とその一行は、各地の門弟から託された懇志を携《たずさ》えて上洛しました。聖人は消息の冒頭に、各地の門弟への感謝の念をまず表されます。次に、もとは山伏《やまぶし》で聖人に敵意を抱き危害を加えようとさえしたのがお導きによって模範的な念仏者へと生まれ変わったと伝わる明法房、さらに平塚の入道という面授《めんじゅ》の門弟の往生について、感慨をもって述べていらっしゃいます。このことからもわかるように、聖人が常陸を離れてから、すでに二十年近くが経過していました。聖人から直接教えを聞き、その薫陶《くんとう》を受けたお弟子は、だんだん少なくなって、孫弟子にあたる人々が多くなってきました。

そのようななかで、念仏門にとって、大きな痛手となる悪しき傾向が顕在化してきました。悪人がめあての本願だから、悪を慚《は》じる必要もなく、思いにまかせておればよいという、造悪無慚《ぞうあくむざん》の傾向です。そういう人々に対する最初の誡《いまし》めの消息です。

【原　文】

方々《かたがた》よりの　御《おん》こころざしの　ものども　かずのままに　たしかにたまはりさふらふ　明教房《みょうきょうぼう》の　のぼられて　さふらふこと　ありがたきことに　さふらふ　かたがたの　御《おん》こころざし　まふしつくしがたく　さふらふ　明法御《みょうほうのおん》房《ぼう》の　往生のこと　おどろきまふすべきには　あらねども　かへすがへす　うれしく　さふらふ　鹿嶋《かしま》　なめかた　奥郡《おうぐん》　かやうの　往生ねがはせたまふひとびとの　みなの御《おん》よろこびにて　さふらふ　また　ひらつかの入道《にゅうどう》殿御往生のこと　ききさふらふこそ　かへすがへす　まふすにかぎりなく　おぼえ　さふらへ　めでたさ　まふしつくすべくも　さふらはず　をのをのみな

往生は一定《いちじょう》と　おぼしめすべし　さりながらも　往生を　ねがはせたまふひとびとの　御中《おんなか》にも　御《おん》こころえぬことも　さふらひき　いまも　さこそ候《そうろう》らめと　おぼえ　さふらふ　京にも　こころえずして　やうやうに　まどひあふて　さふらふめり　くにぐににも　おほく　きこえさふらふ　法然聖《ほうねんしょう》人《にん》の　御弟子《おんでし》のなかにも　われは　ゆゆしき学生《がくしょう》などと　おもひあひたるひとびとも　この世には　みな　やうやうに　法文《ほうもん》を　いひかへて　身もまどひ　ひとをも　まどはして　わづらひあふて　さふらふめり　聖教《しょうぎょう》の　をしへをも　みずしらぬ　をのをののやうに　おはします　ひとびとは　往生にさはりなしとばかり　いふをききて　あしざまに　御《おん》こころえあること　おほく　さふらひき　いまも　さこそ　さふらふらめと　おぼえさふらふ　浄土の教もしらぬ　信見房《しんけんぼう》などが　まふすことによりて　ひがざまに　いよいよ　なりあはせたまひ　さふらふらんを　きき候こそ　あさましく　さふらへ　まづをのをのの　むかしは　弥陀の　ちかひをもしらず　阿弥陀仏をも　まふさずおはしまし　さふらひしが　釈迦弥陀《しゃかみだ》の　*御方便《ごほうべん》に　もよほされて　いま　弥

陀のちかひをも　ききはじめて　おはします　身にて　さふらふなり　もとは*無明《むみょう》の酒にゑひて　*貪欲《とんよく》　*瞋恚《しんに》　*愚癡《ぐち》の　*三毒《さんどく》をのみ　このみめしあふてさふらひつるに　仏《ぶつ》のちかひを　ききはじめしより　無明のゑひも　やうやうすこしづつさめ　三毒をも　すこしづつ　このまずして　阿弥陀仏のくすりをつねに　このみめす身となりて　おはしましあふて　さふらふぞかし　しかるに　なをゑひも　さめやらぬに　かさねて　ゑひをすすめ　毒も　きえやらぬに　なを毒を　すすめられ　さふらふらんこそ　あさましく　さふらへ　煩悩《ぼんのう》具足《ぐそく》の　身なればとて　こころに　まかせて　身にも　すまじきことをも　ゆるし　くちにも　いふまじきことをも　ゆるし　こころにも　おもふまじきことをも　ゆるして　いかにも　こころのままにて　あるべしと　まふしあふてさふらふらんこそ　かへすがへす　不便《ふびん》におぼえ　さふらへ　ゑひも　さめぬさきに　なを　さけをすすめ　毒も　きえやらぬに　いよいよ毒を　すすめんがごとし　くすりあり　毒をこのめと　さふらふらんことは　あるべくも　さふらはずとこそ　おぼえさふらふ　仏の御名《みな》をもきき　念仏をまふして　ひさ

しくなりて　おはしまさん　ひとびとは　後世《ごせ》の　あしきことを　いとふしるし　この身の　あしきことをば　いとひすてんと　おぼしめす　しるしも　さふらふべしとこそ　おぼえさふらへ　はじめて　仏のちかひを　ききはじむるひとびとの　わが身のわろく　こころのわろきを　おもひしりて　この身のやうにては　なんぞ　往生せんずると　いふひとにこそ　煩悩具足したる　身なれば　わがこころの善悪をば　さたせず　むかへたまふぞとは　まふしさふらへ　かくきてのち　仏を信ぜんと　おもふこころ　ふかくなりぬるには　まことに　この身をも　いとひ　流転《るてん》せんことをも　かなしみて　ふかく　ちかひをも信じ　阿弥陀仏をも　このみ　まふしなんどするひとは　もとも　こころのままにて　悪事をも　ふるまひなんどせじと　おぼしめしあはせ　たまはばこそ　*世《よ》をいとふしるしにても　さふらはめ　また　往生の信心は　釈迦弥陀の　御《おん》すすめによりて　おこるとこそ　みえて　さふらへば　さりとも　まことのこころ　おこらせたまひなんには　いかが　むかしの御《おん》こころの　ままにては　さふらふべき　この御《おん》なかの　ひとびとも　少々は　あしきさまなる

ことの　きこえ　さふらふめり　師をそしり　善知識《ぜんぢしき》をかろしめ　*同行《どうぎょう》をもあなづりなんど　しあはせたまふよし　ききさふらふこそ　あさましく　さふらへ　すでに　謗法《ほうぼう》のひとなり　五逆《ごぎゃく》のひとなり　なれむつぶべからず　浄土論《じょうどろん》とまふすふみには　かやうのひとは　仏法信ずるこころのなきより　このこころはおこるなりと　さふらふめり　また　*至誠心《しじょうしん》のなかには　かやうに悪をこのまんには　つつしんでとをざかれ　ちかづくべからずとこそ　とかれてさふらへ　善知識　同行には　したしみちかづけとこそ　ときをかれて　さふらへ　悪をこのむひとにも　ちかづきなんど　することは　浄土に　まいりてのち　衆生利益《しゅじょうりやく》に　かへりてこそ　さやうの罪人にも　したがひ　ちかづくことは　さふらへ　それも　わがはからひにはあらず　弥陀の　ちかひによりて　御《おん》たすけにてこそ　おもふさまのふるまひも　さふらはんずれ　*当時《とうじ》はこの身どものやうにては　いかが　さふらふべかるらんと　おぼえさふらふよくよく　案ぜさせたまふべく　さふらふ　往生の金剛心《こんごうしん》の　おこることは仏の御《おん》はからひより　おこりて　さふらへば　金剛心をとりて　さふらはんひ

とは　よも　師をそしり　善知識を　あなづりなんど　することは　さふらはじとこそ　おぼえさふらへ　このふみをもて　かしま　なめかた　南《みなみ》の荘《しょう》　いづかたも　これにこころざし　おはしまさん　ひとには　おなじ御《おん》こころによみきかせたまふべく　さふらふ　あなかしこ　あなかしこ

建長《けんちょう》四年二月二十四日

【語釈】

御方便《ごほうべん》　善巧方便《ぜんぎょうほうべん》。巧《たく》みな手だて。

無明《むみょう》　智慧《ちえ》の明かりのない状態。疑い迷う心。愚癡とも言う。

貪欲《とんよく》　足るを知らず、貪《むさぼ》り求める心。

瞋恚《しんに》　怒り腹立ちの心。

愚癡《ぐち》　真理に背《そむ》き、道理に暗いこと。

三毒《さんどく》　代表的な三つの煩悩。

世《よ》をいとふしるし　この世のありさまを厭い自らの現実を悲しんで浄土を求める心が起こったしるし。「厭離穢土《えんりえど》、欣求浄土《ごんぐじょう》ど」の心に同じ。

同行《どうぎょう》　同じ道を歩む者。

至誠心《しじょうしん》　裏表のない真実の心。『観無量《かんむりょう》寿経《じゅきょう》』に説かれる三心《さんしん》(至誠心・深心・廻向発願心)の一つ。ここでは『観《かん》経疏《ぎょうしょ》』散善義《さんぜんぎ》にある「至誠心の釈」を指す。

当時《とうじ》**は**　現在は。現時点では。

（四）「よくよく御こころえ候ふべし」

――建長四年の消息①（日付なし）

【現代語訳】

（第四通）

この度の明教房《みょうきょうぼう》のご上洛、まことに有難いことと思われました。明法房《みょうほうぼう》殿のご往生に関して、目《ま》の当たり聞かせてもらったことも、うれしゅうございました。皆さまのお志《こころざし》も、有難う存じます。それにしても、この度の一行の上洛は、思いも及ばぬことでした。この書簡を、どなたにも、同じお心で読み聞かせて下さいますよう望みます。この書簡は、奥郡《おうぐん》においでになる同朋《どうぼう》の皆さまには、一同にご覧下さいますように。あなかしこ　あなかしこ年来念仏して、浄土に生まれることを願う身にまで育てられたなら、もとは悪かったわが心のうちをも思い返して、仲間の同朋にも、ねんごろに心配りがあってしかるべきであり、それでこそ、世のありさまを厭《いと》う念仏者の姿と言えるのではないでしょうか。よくよくお心得おき下さいませ。

【解　説】

日付のない消息ですが、第三通と同様に、明教房の上洛から間もない頃の消息であることがわかります。よって建長四年（聖人八十歳）の消息と知られます。第三通とほぼ共通する文脈ですが、第三通が常陸《ひたち》の南部地域である鹿島、行方、南之庄《みなみのしょう》の人々にあてたものであるのに対して、第四通は、常陸の北部にある奥郡の同朋にあてたものである点が異なります。本消息は、独立した消息ではなく追伸であるとの見方が一般的です。これを妥当と見て、次に取り上げる第五通の追伸である可能性が高いと考えます。

明教房は、伝承によると、布教のために奥州《おうしゅう》に移り住んだと言います。また聖人よりも五歳年上であったとも言われ、もしそうだとすると、八十五歳という高齢での、まさに命がけの長旅であったことになります。第三通においても「明教房の　のぼられてさふらふこと　ありがたきことに　さふらふ」と、上洛の一行のなかで、特に明教房の名を挙げて感動を述べていらっしゃいますが、それも、うなずけるところです。

【原　文】

この明教房《みょうきょうぼう》の　のぼられて候《そうろう》こと　まことに　ありがたきことと　おぼえさふらふ　明法御房《みょうほうのおんぼう》の　御往生のことを　まのあたり　ききさふらふも　うれしくさふらふ　ひとびとの　御《おん》こころざしも　ありがたく　おぼえさふらふ　かたがた　このひとびとの　のぼり　不思議のことに　さふらふ　このふみをたれたれにも　おなじこころに　よみきかせたまふべく　さふらふ　このふみは　奥郡《おうぐん》におはします　*同朋《どうぼう》の御中《おんなか》に　みなおなじく　御覧さふらふべし　あなかしこ　あなかしこ

としごろ念仏して　往生ねがふ　しるしには　もとあしかりし　わがこころを

も　おもひかへして　とも同朋《どうぼう》にも　ねんごろに　こころの　おはしましあはばこそ　世をいとふしるしにても　さふらはめとこそ　おぼえさふらへ　よく　よく　御《おん》こころえ　さふらふべし

【語　釈】

同朋《どうぼう》　同門の朋《とも》。真宗の念仏者。

とも同朋《どうぼう》　同じ道をともに歩む仲間を意味する「同朋」にさらに「とも」を付けるのは一見不可解だが、同朋のなかでも特に同じ集団に属する者を指したものと考えられる。

（五）「とかく計らはせたまふこと努々候ふべからず」

――建長四年の消息②（日付なし）

【現代語訳】

（第五通）

お書物、たびたび差し上げました。ご覧にならなかったのでありましょうか。それはそうと、明法房《みょうほうぼう》殿が浄土往生の本懐《ほんがい》をお遂げあそばしましたことは、常陸《ひたち》の国の仏法に志《こころざし》を持っておいでになる人々にとって、めざましい事柄であります。ともかくも往生は、凡夫《ぼんぷ》のはからいによってなしうることではありません。智慧《ちえ》のすぐれた方々であっても、はからいを差しはさむことではありません。大乗《だいじょう》・小乗《しょうじょう》の聖者《しょうじゃ》であっても、あれこれとはからうことなく、すべてを願《がん》力《りき》におまかせになったことであります。まして皆さんのような暮らしぶりの人々は、ただこの誓いありと聞き、南无阿弥陀仏《なもあみだぶつ》にお出遇《であ》いになったことこそ、有難くも喜ばしいご果報でありましょう。何かとはからいを加えることは、決してあってはなりません。先にお送りしました『唯信鈔《ゆいしんしょう》』『自力他力《じりきたりき》の事《こと》』等の書物にてご覧下さい。今の世にとって、かけがえのない人々でいらっしゃいます。実際に浄土往生を遂げられた人々でいらっしゃいますから、これらの書物の内容にまさるものはありません。法然聖人《ほうねんしょうにん》のみ教えを、しっかりとお心得になった人々でいらっしゃいました。そうであるからこそ、めでたくご往生あそばしたことです。

思い返せば、年来一緒に念仏を申してきた人々のなかにも、思い思いのことを言いつのって譲らぬ人々もありました。今もそうではないかと存じます。ご往生あそばした明法房にしても、もとはとんでもないことを考えたりしたこともあった心根を改められたのでした。凡夫のわたくしでも往生できるからといって、行動も思いも心まかせにし、言うべきではないことをも口にして、はばからないというようなことは、あってよいはずもない。貪欲《とんよく》の煩悩《ぼんのう》に狂わされて、欲の心も起こるのであり、瞋恚《しんに》の煩悩に狂わされて、憎むべくもない因果《いんが》の道理を破る心も起こり、愚癡《ぐち》の煩悩に惑《まど》わされて、思ってはならぬ気持ちも起こるのでありま す。けっこうな仏《ぶつ》のお誓いがあるからといって、ことさらに、すべきでない行動をなし、思うべきではないことをも、心まかせにするのは、世を厭《いと》う気持ちが足りないのであり、わが身の悪いさまを思い知っていないのでありますから、念仏にも志がなく、仏のお誓いにも心を寄せることがないわけでありますから、念仏なさったとしても、その志では、次に浄土に生まれることは、難しいでしょう。よくよくこの旨《むね》を、皆さまにお聞かせ申して下さるよう望みます。

かように申さずともよいのかも知れませんが、何かしら、仏法を心にとめていらっしゃる人々でありますから、かくも申すのです。

今時の念仏の教義は、いろいろに変わってしまいましたので、ここで言ってみても、どうしようもありませんが、法然聖人のみ教えを、しっかりと受け継いでいる人々は、今も、もとのまま変わらずいらっしゃいます。世の中、広いようで狭いものなので、お耳に達しているかも知れません。浄土宗の教義も、変わり果ててしまいました。みな聖人のお弟子であるのに、いろいろに教義を言いかえたりして、自らも惑い、人をも惑わしているありさまです。言いようもなく悲しいことです。京でも、多くの人が惑っております。そちらはさぞかしと、想像に難くありません。万事、申し尽くし難う存じます。またの機会に申したく存じます。

【解　説】

日付のない消息ですが、明法房の往生について触れ、造悪無慚の徒を誡める内容も、第三通とほぼ共通しており、建長四年の消息と知られます。違う点は、第三通では簡単に触れていたに過ぎない都における法然門下の状況について、より詳しく述べているのと、またご自身の感情を赤裸々《せきらら》に表していらっしゃる点でしょうか。聖人の深い悲しみが伝わってくる一通です。

【原　文】

御《おん》ふみ　たびたび　まいらせ　さふらひき　御覧ぜずや　さふらひけん　なにごとよりも　明法御房《みょうほうのおんぼう》の　往生の本意　とげておはしまし候《そうろう》こそ　常陸国《ひたちのくに》うちの　これにこころざし　おはしますひとびとの御《おん》ために　めでたきことにて　さふらへ　往生は　ともかくも　凡夫《ぼんぶ》のはからひにて　すべきことにてもさふらはず　めでたき智者も　はからふべきことにも　さふらはず　大小の聖人だにも　ともかくもはからはで　ただ願力《がんりき》に　まかせてこそ　おはしますことにて　さふらへ　ましてをのをののやうに　おはします　ひとびとは　ただ　このちかひありとききて　南无阿弥陀仏に　あひまいらせたまふこそ　ありがたく　めでたくさふらふ　御果報にては　さふらふなれ　とかく　はからはせたまふこと　ゆめゆめ　さふらふべからず　さきに　くだしまいらせ　さふらひし　*唯信鈔《ゆいしんしょう》　自力《じりき》他力《たりき》なんどの　ふみにて　御覧さふらふべし　それこ

そ　この世にとりては　よきひとびとにて　おはします　すでに　往生をもして　おはします　ひとびとにて　さふらへば　そのふみどもに　かかれて　さふらふには　なにごとも　なにごとも　すぐべくも　さふらはず　法然聖人《ほうねんしょうにん》の　御《おん》をしへを　よくよく御《おん》こころえたる　ひとびとにて　おはしますに　さふらひき　さればこそ　往生も　めでたくして　おはしましさふらへ　おほかたは　としごろ　念仏まふしあひたまふ　ひとびとのなかにも　ひとへに　わがおもふさまなることをのみ　まふしあはれて候ひとびとも　さふらひき　いまも　さぞさふらふらんと　おぼえさふらふ　明法房などの　往生しておはしますも　もとは　不可思議《ふかしぎ》の＊ひがことを　おもひなんどしたる　こころをもひるがへしなんどしてこそ　さふらひしか　われ往生すべければとて　すまじきことをもし　おもふまじきことをもおもひ　いふまじきことをも　いひなどすることは　あるべくも　さふらはず　貪欲《とんよく》の煩悩《ぼんのう》に　くるはされて　欲もおこり　瞋恚《しんに》の煩悩に　くるはされて　ねたむべくもなき　因果《いんが》をやぶる　こころもおこり　愚癡《ぐち》の煩悩に　まどはされて　おもふまじきことなども　おこる

にてこそ　さふらへ　めでたき　仏《ぶつ》の御《おん》ちかひの　あればとて　わざと　すまじきことどもをもし　おもふまじきことどもをも　おもひなどせんは　よくよく　この世の　いとはしからず　身のわろきことを　おもひしらぬにて　さふらへば　念仏に　こころざしもなく　仏の御《おん》ちかひにも　こころざしの　おはしまさぬにて　さふらへば　念仏せさせたまふとも　その御《おん》こころざしにては　*順次《じゅんじ》の往生《おうじょう》も　かたくや　さふらふべからん　よくよく　このよしを　ひとびとに　きかせまいらせさせたまふべく　さふらふ　かやうにも　まふすべくも　さふらはねども　なにとなく　この辺のことを　御《おん》こころに　かけあはせたまふひとびとにて　おはしましあひて　さふらへば　かくも　まふしさふらふなり　この世の念仏の義は　やうやうに　かはりあふて　さふらふめれば　とかく　申《もうす》におよばずさふらへども　故聖人の御《おん》をしへを　よくよく　うけたまはりて　おはしますひとびとは　いまも　もとのやうに　かはらせたまふこと　さふらはず　世かくれなき　ことなれば　きかせたまひあふて候らん　浄土宗の義　みなかはりて　おはしましあふて候　ひとびとも　聖人の御《おん》弟子《でし》に

て　さふらへども　やうやうに　義をも　いひかへなどして　身もまどひ　ひとをも　まどはかしあふて　さふらふめり　あさましきことにて　さふらふなり　京にも　おほく　まどひあふて　さふらふめり　ゐなかは　さこそ　さふらふらめと　こころにくくも　さふらはず　なにごとも　まふしつくしがたくさふらふ　またまた　まふし　さふらふべし

【語　釈】

唯信鈔《ゆいしんしょう》・自力他力《じりきたりき》なんどのふみ　『唯信鈔』は聖覚法印によって著わされた書。特に念仏往生について詳しく説く。『自力他力の事』は、隆寛《りゅうかん》の著。自力の念仏と他力の念仏の違いを中心に説く。

ひがこと　まちがったこと。道理にはずれたこと。中傷。

順次《じゅんじ》の往生《おうじょう》　現在の生涯を終えて次に浄土に生まれること。

（六）「その同朋にあらず候ふべし」

——建長四年の消息③（日付なし）

【現代語訳】

（第六通）

善知識《ぜんぢしき》を軽んじ、師を謗《そし》るような者は、謗法《ほうぼう》の者と申すのです。親を謗ってはばからないような者は、五逆《ごぎゃく》の者と申すのです。懇意にせぬようにと承《うけたまわ》っております。ですから北《きた》の郡《こおり》に住んでいた善証房《ぜんしょうぼう》は、親を罵《のの》しり、善信《ぜんしん》をさまざまに中傷したものですから、親しく交わることを考えず、遠ざけたのでありました。明法房《みょうほうぼう》殿の往生のことを聞きながら、その事跡をないがしろにするような人たちは、同朋《どうぼう》ではありえないでしょう。無明《むみょう》の酒に酔っている人に、いっそう酒を勧め、三毒《さんどく》を好んで、長らく食らい続けてきた人に、さらに毒を許して、さあ、もう一つと、促《うなが》しているのではありませんか。哀《あわ》れむべきことです。無明の酒に酔っていることを悲しむべきであり、三毒の味を好んだなごり、いまだ毒も消え切らず、無明の酔いも、いまださめやらぬお互いでありますぞ。よくよく心得て下さいませ。

【解　説】

日付はありませんが、明法房の往生について触れ、先に取り上げた一連の消息と共通の文脈であることから、建長四年の消息と判断されます。なお本消息も、独立した消息ではなく追伸であるとの見方が一般的です。「無明の酒に酔う」「三毒を好む」など、第三通にのみあって他の消息では見られない譬喩《ひゆ》の表現が、唯一この消息にも見られ、その譬喩を承《う》けた形でのお諭《さと》しとなっていることから考えて、第三通の追伸である可能性が高いと言えます。

【原　文】

善知識《ぜんぢしき》を　をろかにおもひ　師を　そしるものをば　謗法《ほうぼう》のものと　まふすなり　をやを　そしるものをば　五逆《ごぎゃく》のものと　まふすなり　同座せざれとさふらふなり　されば　北《きた》の郡《こおり》にさふらひし　善証房《ぜんしょうぼう》は　をやをのり（罵）　善信《ぜんしん》を　やうやうに　そしりさふらひしかば　ちかづき　むつまじく　おもひさふらはで　ちかづけず候《そうらい》き　明法御房《みょうほうのおんぼう》の　往生のことを　ききながら　あとを　をろかにせんひとびとは　その同朋《どうぼう》にあらず　さふらふべし　無明《むみょう》の酒に　ゑひたる人に　いよいよ　ゑひをすすめ　三毒《さんどく》を　ひさしく　このみくらふひとに　いよいよ　毒をゆるして　このめと　まふしあふて　さふらふらん　不便《ふびん》のことに　さふらふ　無明の酒に　ゑひたることを　かなしみ　三毒をこのみくふて　いまだ毒も　うせはてず　無明のゑひも　いまださめやらぬにおはしましあふて　さふらふぞかし　よくよく　御《おん》こころえ　さふらふべし

（七）「念仏人々御中」

――推定建長五年の消息①（九月二日付）

【現代語訳】

（第七通）

まず、あまたの仏《ぶつ》・菩薩《ぼさつ》を軽んじ、天地の神々や冥界《みょうかい》を治める方々を侮《あなど》ってしりぞけ申すということ、このようなことは決してなかったことです。幾多の生まれ変わりのなかで、量《はか》り知れない諸仏・菩薩の利益《りやく》をたよりに、さまざまの善を修め励んだけれども、自力の修行では生死《しょうじ》の境界《きょうがい》を出ることはなかったのが、いま遇《あ》い遙かな過去より転生《てんしょう》を重ねるあいだ、諸仏・菩薩のお導きによって、いま遇いがたき弥陀のお誓いにお遇いすることができた、そのご恩を知らずして、あまたの仏・菩薩を空虚なもののように申すのは、深いご恩を知らずにおるのです。仏法を深く信ずる人を、天地の神々は、影が身に添うようにお守り下さることでありますから、念仏を信ずる身でありながら、天地の神々を排斥《はいせき》しようなどとは、決して考えないことです。神々などですら、しりぞけられることはなかったのです。まして、あまたの仏・菩薩を空虚なように申し、粗末に考えることがありましょうか。あまたの仏を粗末に申すようなら、念仏を信ぜず、弥陀のみ名をとなえることのない身でありましょう。結局のところ、作りごとを申して、念仏の人々に何かと言いがかりをつけて、念仏の広まるのをとどめようとなさる領家《りょうか》、地頭《じとう》、名主《みょうしゅ》の画策、よくよくの事情があるはずです。と言うのも、釈迦如来のお言葉には、念仏する人を誹る者のことを、「眼《まなこ》なき人と名づく」と説き、「耳なき人と名づく」と仰《おお》せ置かれたことです。善導和尚《ぜんどうかしょう》は、「五濁増《ごじょくぞう》の時代には、疑謗《ぎほう》の者が多くなり、道俗《どうぞく》ともにいがみ合って、相手の言葉を聞こうとしない。修行する者を見ると怒りの矛先《ほこさき》を向け、策を弄《ろう》して破壊しようとし、競って怨《あだ》を生じる」と、確かに解釈していて下さいます。この世の常として、念仏が広まるのを妨《さまた》げようとする人は、各地の領家、地頭、名主であって、それなりの事情があってのことなのでしょう。とやかく申すには及びません。「念仏を続けてゆこうと思う人は、その妨害してくる人にも憐《あわ》れみの心を持ち、かわいそうな人だと思って、ねんごろに念仏を申して、そのような人を助けられたらよい」と、故人（法然上人）は申されたことです。よくよくおたずねになるべきお言葉です。

次に、念仏を実行していらっしゃる人々のこと、弥陀のお誓いは煩悩《ぼんのう》を抱《かか》えた者のため、と信じていらっしゃるのは、結構なことですが、悪い者のためであるからといって、ことさらにまちがったことを心にも思い、身にも口にも現してよいなどとは、浄土宗で申すことはありえないので、人々にも語ったことはありません。そもそも煩悩具足《ぼんのうぐそく》の身であって、心をも制しがたいままに、浄土往生を疑うことなく果たそうとお思いになるべきであると、師も善知識《ぜんぢしき》もおっしゃるのに、このような悪い身であるから、まちがった行動をことさらに続けて、念仏の人々の妨げとなり、師のためにも善知識のためにも咎《とが》とおなりなさい、などと申すことは、決してないことです。遇いがたき弥陀のお誓いにお遇い申して、仏恩《ぶっとん》を報じ申したいと、お思いになるべきであるのに、念仏がとどめられてしまうような行動をとっているとしたら、それこそ納得できないことです。情けないことであります。皆さまのなかに、心得ちがいがありますために、あるはずもないことが、風評として伝わってきます。言いようもなく残念なことです。もっとも、念仏の人で、まちがったことを申している人があるなら、その者一人が地獄にも堕《お》ち、天魔《てんま》ともなり果てることでしょう。他の多くの念仏者の、咎になるとは思わぬのであります。よくよく考えて行動して下さい。

なおなお、念仏をご相続あそばす皆さま、よくよくこの書状をご覧になって、疑念をお解き下さいますように。あなかしこ　あなかしこ

九月二日　　　　　　　　　　　　親鸞

念仏の人々の御中《おんなか》へ

【解　説】

年号は不詳ですが、内容から見て建長五年（聖人八十一歳）の消息と推測します。建

長四年の一連の消息において、常陸国内に広く見られた造悪無慚の傾向に対して、言葉を尽くして丁寧に諭す内容を示されました。しかし状況が改善されないばかりか、問題が広がり深刻化している様子が窺え、より強い口調での誡めとなっています。また弥陀の誓いは煩悩を抱えた者のためであるから悪もかまわないという曲解から、神祇道《じんぎどう》や諸宗に対して不遜な振る舞いや攻撃的な言動をとる人々があったようです。そのようなこともあって、社会の秩序を乱す危険な集団との誤解が生まれ、土地の支配者からの締め付けが強まっていることも窺えます。宛名として、「念仏の人々の御中《おんなか》へ」とあることからも、すべての同朋に心得てほしいとの聖人の切なる思いが察せられます。

【原　文】

まづ　よろづの仏菩薩《ぶつぼさつ》を　かろしめまいらせ　よろづの神祇冥道《じんぎみょうどう》を　あなづりすてたてまつると*　まふすこと　このこと　ゆめゆめ　なきことなり　世々《せせ》生々《しょうじょう》に　無量無辺《むりょうむへん》の　諸仏菩薩の利益《りやく》によりて　よろづの善を　修行せしか

ども　自力にては　生死《しょうじ》をいでずありしゆへに　*曠劫多生《こうごうたしょう》のあひだ　諸仏菩薩の　御《おん》すすめによりて　いま　まうあひがたき　弥陀の御《おん》ちかひに　あひまいらせて　さふらふ御恩を　しらずして　よろづの仏菩薩を　あだ（徒）に　まふさんは　ふかき御恩をしらず　さふらふべし　仏法を　ふかく信ずるひとをば　天地におはします　よろづのかみは　かげの　かたちにそへるが　ごとくして　まもらせたまふことにて　さふらへば　念仏を信じたる身にて　天地のかみを　すてまふさんと　おもふこと　ゆめゆめ　なきことなり　神祇等だにも　すてられたまはず　いかにいはんや　よろづの仏菩薩を　あだにもまふし　をろ（疎）かに　おもひまいらせ　さふらふべしや　よろづの仏を　をろかにまふさば　念仏信せず　弥陀の御名《みな》を　となへぬ身にてこそ　さふらはんずれ　詮《せん》ずるところは　そらごとをまふし　ひがことを　ことにふれて　念仏のひとびとに　おほせられつけて　念仏をとどめんと　するところの　領家《りょうか》　地頭《じとう》　名主《みょうしゅ》の御《おん》はからひどもの　さふらふらんこと　よくよく　やうあるべきことなり　そのゆへは　釈迦如来のみことには　念仏するひとを　そしるものをば　名無《みょうむ》

眼人《げんにん》ととき　名無耳人《みょうむににん》とおほせをかれたることに　さふらふ　善導和尚《ぜんどうかしょう》は
*五濁増時多疑謗《ごじょくぞうじたぎほう》　道俗相嫌不用聞《どうぞくそうけんふようもん》　見有修行起《けんうしゅぎょうき》*瞋毒《しんどく》　方便破壊競生怨《ほうべんはえきょうしょうおん》と
たしかに　釈しをかせたまひたり　この世のならひにて　念仏をさまたげんひ
とは　そのところの　領家　地頭　名主の　やうあることにてこそ　さふらは
め　とかく　まふすべきにあらず　念仏せんひとびとは　かの　さまたげをな
さんひとをば　あはれみをなし　不便《ふびん》におもふて　念仏をも　ねんごろに　ま
ふして　さまたげなさんを　たすけさせ　たまふべしとこそ　ふるきひとは
まふされさふらひしか　よくよく　御《おん》たづね　あるべきことなり　つぎに　念
仏せさせたまふ　ひとびとのこと　弥陀の御《おん》ちかひは　煩悩具足《ぼんのうぐそく》の　ひとのた
めなりと　信ぜられ　さふらふは　めでたきやうなり　ただし　わるきものの
ためなりとて　ことさらに　ひがことを　こころにもおもひ　身にも口にも
まふすべしとは　浄土宗に　まふすことならねば　ひとびとにも　かたること
さふらはず　おほかたは　煩悩具足の身にて　こころをも　とどめがたく　さ
ふらひながら　往生を　うたがはずせんと　おぼしめすべしとこそ　師も　善《ぜん》

知識《ぢしき》も　まふすことにて　さふらふに　かかるわるき身なれば　ひがことをことさらにこのみて　念仏のひとびとの　さはりとなり　師のためにも　善知識のためにも　とがと　なさせたまふべしと　まふすことは　ゆめゆめ　なきことなり　弥陀の御《おん》ちかひに　まうあひがたくして　あひまいらせて　仏恩《ぶっとん》を報じまいらせんとこそ　おぼしめすべきに　念仏を　とどめらるることに　沙《さ》汰《た》しなされて　さふらふらんこそ　かへすがへす　こころえず　さふらふ　あさましきことに　さふらふ　ひとびとの　ひがざまに　御《おん》こころえどもの　さふらふゆへ　あるべくもなきことども　きこえさふらふ　まふすばかりなくさふらふ　ただし　念仏のひと　ひがことを　まふし　さふらはば　その身ひとりこそ　地獄にもおち　*天魔《てんま》とも　なりさふらはめ　よろづの念仏者の　とがになるべしとは　おぼえず　さふらふ　よくよく　御《おん》はからひども　さふらふべし　なをなを　念仏せさせたまふひとびと　よくよく　この文《ふみ》を御覧じと*かせたまふべし　あなかしこ　あなかしこ

九月二日　　　　　　　　　　　　親鸞

念仏人々御中《ねんぶつのひとびとのおんなかへ》

【語　釈】

すてたてまつる　この「すつ」は、「しりぞける」「とりのぞく」という意。

曠劫多生《こうごうたしょう》のあひだ　遙かな過去から何度も生まれ変わってきた果てしない期間。

五濁増時《ごじょくぞうじ》　五濁《ごじょく》増《ぞう》の時。劫濁《こうじょく》、見濁《けんじょく》、煩悩濁《ぼんのうじょく》、衆生濁《しゅじょうじょく》、命濁《みょうじょく》の五つの濁《にご》りが盛んになる時代。

瞋毒《しんどく》　瞋恚を毒に譬えた言葉。

天魔《てんま》　波旬《はじゅん》のこと。他化自在天《たけじざいてん》に住むといわれる悪魔。

とかせたまふべし　「とかせ」は「説かせ」と「解かせ」の両者が考えられるが、後者と見て、現代語訳では「疑念をお解き下さいますように」と訳した。

（八）「慈信坊　御返事」

――推定建長五年の消息②（九月二日付）

【現代語訳】

（第八通）

書状をしたため送ります。この書状を、人々にも読んで聞かせて下さい。遠江《とおとうみ》の尼御前《あまごぜん》が、お心を砕《くだ》かれ、取りはからっていて下さるとか。まことに喜ばしく、感慨深う存じます。京より感謝申していると、ねんごろにお伝え下さい。

信願坊《しんがんぼう》の言っていることですが、まったくもって不適切です。わが身は悪いものだからといって、ことさらにまちがった行為を好んで、師にとっても善知識《ぜんぢしき》にとっても善からぬことを行い、念仏の仲間にとっても、咎《とが》となるようなことをわきまえずにいるとしたら、仏恩《ぶっとん》を知らない姿です。よくよく話して聞かせて下さい。

また狂気じみた行動をとって死んでしまった人々のことを持ち出して、信願坊のことをとやかく申すのも、適当ではありません。念仏する人の死にざまも、体に原因がある病《やまい》の場合は、往生の可否を申してはなりません。心に原因があって病で死ぬ人が、天魔ともなり、地獄にも堕ちることでありましょう。心に原因があるか、体に原因があるか、当然違いがありましょうから、心に原因があって死ぬ人のことを、よくよくご心配下さい。

信願坊の申す内容は、凡夫《ぼんぶ》の習性であるから、悪いのが本当であるからと、思うべきでないことを好み、身にもなすべきでないことをなし、口にも言うべきでないことを申して、それで当然であるかのように言っておいでになるとしたら、それこそ、信願坊とは思えない申しようです。浄土往生に支障がないからといって、まちがったことを好んで行ってよいなどとは、申したことはありません。返すがえす、心得がたく存じます。

結局のところ、まちがった行動をとっている人は、その者一人が、どのようにもなることでしょう。多くの念仏者の、妨《さまた》げになるとは、まったく思わぬのであります。また念仏をとどめようとする人は、それこそ、いかなる結果ともなることでしょう。多くの念仏する人の、咎になるとは思わぬのであります。「五濁増《ごじょくぞう》の時代には疑謗《ぎほう》の者が多くなり、道俗《どうぞく》ともにいがみ合って、相手の言葉を聞こうとしない。修行する者を見ると怒りの矛先《ほこさき》を向け、策を弄《ろう》して破壊しようとし、競って怨《あだ》を生じる」と、善導大師《ぜんどうだいし》の、まさに的確なご教示があるではありませんか。釈迦如来は、「眼《まなこ》なき人と名づく、耳なき人と名づく」と、説いていて下さるではありませんか。そのような人ですから、念仏をとどめ、念仏者をも忌《い》み嫌うのでありましょう。それに対して、当人を憎まず、念仏をそれぞれに申して、助けようと、思い合わされますよう、そう念じます。あなかしこ　あなかしこ

九月二日　　親鸞

慈信坊《じしんぼう》へ御返事

入信坊《にゅうしんぼう》、真浄坊《しんじょうぼう》、法信坊《ほうしんぼう》にも、この書状を読み聞かせて下さい。返すがえす不都合なことであります。性信坊《しょうしんぼう》には、この春上京なさった折によく話しておきました。久下《くげ》殿にも、よくよく感謝の意、申して下さい。一部の人々がまちがったことを言っているからといって、道理を失われることは、よもやあるまいと存じます。世間のことでも、同様のことがあるものです。領家《りょうか》、地《じ》頭《とう》、名主《みょうしゅ》がまちがったことを行っているからといって、庶民まで惑《まど》わせることはありません。仏法を外から破れるものではありません。仏法者が仏法を破る譬《たと》えとして、「師子身中《しししんちゅう》の虫が師子を食らうようなもの」とありますから、念仏者を破り、妨げとなるのは、仏法者なのです。よくよくお心得になって下さい。なおなお書簡には、申し尽くすべくもありません。

【解　説】

慈信房（善鸞）から関東の状況についての報告の知らせがあり、それにお応《こた》えになった返信です。年号は不詳ですが、第七通と同じ九月二日付となっており、同じ日にしたためられた消息と推測します。慈信房の書簡は遺っていません。聖人の願いも空《むな》しく、関東の同朋の混乱は、収まるどころか、悪化しているとの慈信房の報告をご覧になり、返信の意とともに、関東の全同行にあてた内容をしたためられたと考えられます。

ただし、聖人も、慈信房の言葉を全面的に信頼しているわけではないふしもあります。信願坊という弟子について慈信は、特に行状《ぎょうじょう》の悪い者として報告したようですが、聖人は、どうにも解《げ》せないという疑念を持ちながら筆を進めていらっしゃるようにも窺えます。さらに追伸では、「仏法を破るのは外部の者ではなく、師子身中の虫が破るのであるから、よくよく心得るように」と、たしなめるように記していらっしゃいます。もともと慈信房の言葉は、割り引いて判断しなければならないと考えていらっしゃったのかも知れません。

【原　文】

ふみかきて　まいらせ　さふらふ　このふみを　ひとびとにも　よみて　きか

せたまふべし　遠江《とおとうみ》の尼御前《あまごぜん》の　御《おん》こころにいれて　御沙汰《おんさた》　さふらふらん
かへすがへす　めでたく　あはれにおぼえ　さふらふ　よくよく　京よりよろ
こび　まふすよしを　まふしたまふべし　信願坊《しんがんぼう》がまふすやう　かへすがへす
不便《ふびん》のことなり　わるき身なればとて　ことさらに　ひがことをこのみて　師
のため　善知識《ぜんぢしき》のために　あしきことを沙汰し　念仏のひとびとのために　と
がとなるべきことを　しらずは　仏恩《ぶっとん》をしらず　よくよく　はからひたまふべ
し　また　ものにくるふて　死にけんひとびとのことをもちて　信願坊がこと
を　よしあしと　まふすべきにはあらず　念仏するひとの　死にやうも　身よ
り　やまひをするひとは　往生のやうを　まふすべからず　こころより　やま
ひをするひとは　天魔《てんま》ともなり　地獄にも　おつることにて　さふらふべし
こころよりおこるやまひと　身よりおこるやまひとは　かはるべければ　ここ
ろよりおこりて　死ぬるひとのことを　よくよく　御《おん》はからひ　さふらふべし
信願坊がまふすやうは　凡夫《ぼんぶ》のならひなれば　わるきこそ　本《ほん》なればとて　お
もふまじきことをこのみ　身にも　すまじきことをし　口にも　いふまじきこ

とを　まふすべきやうに　まふされさふらふこそ　信願坊がまふしやうとはこころえず　さふらふ　往生に　さはりなければとて　ひがことを　このむべしとは　まふしたること　さふらはず　かへすがへす　こころえず　おぼえさふらふ　詮《せん》ずるところ　ひがこと　まふさんひとは　その身ひとりこそ　ともかくも　なりさふらはめ　すべて　よろづの念仏者の　さまたげとなるべしとは　おぼえず　さふらふ　また　念仏を　とどめんひとは　そのひとばかりこそ　いかにも　なりさふらはめ　よろづの　念仏するひとの　とがとなるべしとは　おぼえず　さふらふ　五濁増時多疑謗《ごじょくぞうじたぎほう》　道俗相嫌不用聞《どうぞくそうけんふようもん》　見有修行起《けんうしゅぎょうき》瞋毒《しんどく》　方便破壊競《ほうべんはえきょう》　生怨《しょうおん》と　まのあたり　善導《ぜんどう》の　御《おん》をしへ　さふらふぞかし　釈迦如来は　名無眼人《みょうむげんにん》　名無耳人《みょうむににん》と　とかせたまひて　さふらふぞかし　かやうなるひとにて　念仏をもとどめ　念仏者をも　にくみなんど　することにても　さふらふらん　それは　かのひとを　にくまずして　念仏を　ひとびとまふして　たすけんと　おもひあはせたまへとこそ　おぼえさふらへ　あなかしこ　あなかしこ

九月二日　親鸞

慈信坊《じしんぼう》　御返事

　入信坊《にゅうしんぼう》　真浄坊《しんじょうぼう》　法信坊《ほうしんぼう》にも　このふみを　よみきかせ　たまふべし　かへすがへす　不便のことに　さふらふ　性信坊《しょうしんぼう》には　春のぼりてさふらひしに　よくよく　まふして　さふらふ　くげ《（久下）》どのにも　よくよく　よろこび　まふしたまふべし　このひとびとの　ひがことを　まふしあふて　さふらへばとて　道理をば　うしなはれ　さふらはじとこそ　おぼえさふらへ　世間のことにも　さることの　さふらふぞかし　領家《りょうか》　地頭《じとう》　名主《みょうしゅ》の　ひがことすればとて　百姓をまどはすことは　さふらはぬぞかし　仏法をばやぶるひとなし　仏法者のやぶるに　たとへたるには　師子《しし》の身中《しんちゅう》の虫のししを　くらふがごとしと　さふらへば　念仏者をば　仏法者の　やぶりさまたげ　さふらふなり　よくよく　こころえたまふべし　なをなを　御《おん》ふみには　まふしつくすべくも　さふらはず

（九）「世をいとふしるしもなし」

――推定建長五年の消息③（十一月十四日付）

【現代語訳】

（第九通）

なんと申しても、聖教《しょうぎょう》の教えを知らず、浄土宗のまことの底をも知ることなく、考えられない放逸無慚《ほういつむざん》の者たちにまじって、「悪は思いどおり行ってよい」と言っている人がおありらしいが、それこそ、決してあってはならぬことです。北《きた》の郡《こおり》に住んでいた善証房《ぜんしょうぼう》という者に、最後まで親しく交わることのなかったことを、ご覧にならなかったでしょうか。凡夫《ぼんぶ》であるからといって、何ごとも思いどおりでよいのなら、盗みをはたらいたり、人を殺したりしてかまわないとでも言うのでしょうか。もとは盗みぐせのあったような人でも、極楽をねがい念仏を申すほどにもなれば、以前のねじけた心を改めるはずであるのに、その徴候も見えない人々に、悪も問題ではないということ、決してあってはなりません。煩《ぼん》悩《のう》に狂わされて、心底思うわけでもないのに、すべきでないことを行い、言うべきでないことをも言い、思うべきでないことをも思ってしまうのです。往生には支障がないからといって、人に対しても腹黒く、すべきでないことをし、言うべきでないことをも言うのは、煩悩に狂わされたということではなく、すべきでないことを、わざわざ行っているのであって、決してあってはならぬことです。鹿《か》島《しま》、行方《なめかた》の人々に善からぬ様子があるなら、指摘してやめさせ、その辺りの人々に問題が顕著《けんちょ》であるなら、それを制してこそ、極楽をねがい念仏を申す身となったしるしとも申せましょう。行動は何ごとも、心まかせでよいと言ったなどとは、浅はかなことです。世間の善からぬ習慣をも捨て、浅はかな行動をも慎《つつし》んでこそ、世のありさまを厭《いと》い念仏を申す姿と言えましょう。年来念仏してきた人であっても、人に善からぬことをしたり、言ったりするようなら、世を厭う徴《しるし》すらない。ですから善導大師《ぜんどうだいし》は、「悪を好む人には、丁重《ていちょう》に遠ざかるように」と、至誠心《しじょうしん》の釈《しゃく》のなかで教えおいていて下さいます。いつかどなたか、悪きにまかせて行動してよいなどとおっしゃいましたか。そもそも経典や註釈のお心を知らず、如来のお言葉をも知らぬ身で、そのような言動は、決してあってはならぬことです。あなかしこ　あなかしこ

十一月二十四日　親鸞

【解　説】

年号は不詳ですが、第七通と同様の理由から、建長五年に記された消息と推測します。しかも第七通よりもさらに強い口調となっています。冒頭からして、きわめて異例の表現であり、結びの部分も、他の消息では見られないようなきびしい口調となっています。

宛名はなく、第七通（九月二日付）と同様に関東の全同行にあてた誡めという内容です。二ヶ月半あまりのあいだに新たな情報が寄せられた模様です。送り先は、第八通と

同様に慈信房であった可能性もあります。慈信房（善鸞）は、代行として、聖人が指名して関東に派遣したと一般に考えられていますが、御消息の記述から判断するかぎり、聖人が指名して派遣したようには思えません。たとえば第十八通として取り上げる推定建長七年（十一月九日付）の慈信房宛の書状には、「慈信坊の　くだりて　わがききたる法文こそ　まことにてはあれ　ひごろの念仏は　みな　いたづらごとなりと　さふらへばとて（慈信坊が京より下って、自分が聞き習った法義こそが本当であって、日頃の念仏はみな無用であると申すからといって）」とあります。自分が名代《みょうだい》として送り込んだ相手に対して、このように、ひとごとであるかのような言い方は普通はしません。聖人の代行との考え方は、『慕帰絵《ぼきえ》』にある「かの慈信房、おほよそは聖人の使節として坂東《ばんどう》へ差《さし》向《む》けたてまつられけるに」との著者従覚《じゅうかく》（覚如上人の次男）の言葉が初見です。慈信房を権者《ごんじゃ》（仏・菩薩が衆生を救うためにこの世に現れた存在）とも見る従覚の受け取りはさておき、動機は善意であったのに、後に異義《いぎ》を主張するようになることからもわかるように、元来軽率な傾向のある慈信房が、自らの能力も顧みず、志願して、聖人の許可を得て、自らの意志で出向いたというのが真相ではないでしょうか。

【原　文】

なによりも　聖教《しょうぎょう》の　をしへをもしらず　また　浄土宗の　まことのそこをも　しらずして　不可思議《ふかしぎ》の　放逸無慚《ほういつむざん》のものどものなかに　悪は　おもふさまに　ふるまふべしと　おほせられ　さふらふなるこそ　かへすがへす　あるべくも　さふらはず　北《きた》の郡《こおり》にありし　善証房《ぜんしょうぼう》といひしものに　つゐに　あひむつ（睦）るることなくて　やみにしをば　みざりけるにや　凡夫《ぼんぷ》なればとて　なにごとも　おもふさまならば　ぬすみをもし　人をも　ころしなんど　すべきかは　もと　ぬすみごころ　あらん人も　極楽をねがひ　念仏をまふすほどのことになりなば　もと　*ひがうたる　こころをも　おもひなをしてこそ　あるべきに　そのしるしも　なからんひとびとに　悪《あく》くるしからずといふこと　ゆめゆめ　あるべからず　さふらふ　煩悩《ぼんのう》に　くるはされて　おもはざるほかにすまじきことをも　ふるまひ　いふまじきことをも　いひ　おもふまじきこと

をも　おもふにてこそあれ　さはら（障）ぬことなればとて　ひとのためにも　はらぐろく　すまじきことをもし　いふまじきことをもいはば　煩悩に　くるはされたる儀にはあらで　わざと　すまじきことをもせば　かへすがへす　あるまじきことなり　鹿嶋《かしま》　なめかたの　ひとびとの　あしからんことをば　いひとどめ　その辺の人々の　ことに　ひがみたることをば　制したまはばこそ　この辺より　いできたる　しるしにては　さふらはめ　ふるまひは　なにともこころにまかせよと　いひつると　さふらふらん　あさましきことに　さふらふ　この世の　わろきをもすて　あさましきことをも　せざらんこそ　世をいとひ　念仏まふすことにては　さふらへ　としごろ念仏するひとなんどの　ひとのために　あしきことをし　また　いひもせば　世をいとふしるしもなしされば　善導《ぜんどう》の御《おん》をしへには　悪をこのむ人をば　うやまひて　とをざかれとこそ　至誠心《しじょうしん》のなかには　をしへをかせ　おはしまして　さふらへ　いつかわがこころの　わろきにまかせて　ふるまへとは候《そうろう》　おほかた　経釈《きょうしゃく》をもしらず　如来の御《おん》ことをも　しらぬ身に　ゆめゆめ　その沙汰《さた》　あるべくも　さ

ふらはず　あなかしこ　あなかしこ

十一月二十四日

親鸞

【語釈】

ひがうたる　「ひがみたる」の音便《おんびん》形。ねじ曲った。

（十）「他力のなかにまた他力と申すことはきき候はず」

——推定建長六年の消息①（十一月二十五日付）

【現代語訳】

（第十通）

他力の法門には、他力のなかの自力ということがあるとは承《うけたまわ》っておりますが、他力のなかにまた別の他力があるとは聞いておりません。他力のなかに自力があるというのは、雑行《ぞうぎょう》、雑修《ざっしゅ》、定心念仏《じょうしんねんぶつ》を心に掛けていらっしゃる人々は、他力のなかの自力の人々です。他力のなかにまた他力があるとは承っておりません。専信房《せんしんぼう》が、しばらく逗留《とうりゅう》なさるとのことですから、万事、その折に申しておきます。あなかしこ　あなかしこ

銭二十貫文《かんもん》、確かに、確かに、賜りました。あなかしこ　あなかしこ

十一月二十五日　　　親鸞

【解説】

年号不詳の消息です。しかし専信房というお弟子についての記述が年代推測の手がかりになります。専信房は、建長八年五月二十八日の消息の追伸に、関東から、より京都に近い地域に移住したとの旨が記されています。『親鸞聖人御消息集』（広本）には、「真仏上人《しんぶつしょうにん》御返事」との記載があり、本消息を真仏宛と考えると、専信房は、関東に帰る前提で述べられていますので、その前年の建長七年かそれ以前の消息ということになります。後に述べる点を勘案して、建長六年（聖人八十二歳）と推定します。内容としては、「他力のなかにまた他力ということがあるのか」という門弟の質問に答えたものです。聖人はそれに対して、そのようなことはないと否定していらっしゃいます。ところが第二通には、「これすなはち　他力のなかの他力なり」という言葉があり、一見、矛盾《むじゅん》するようにも思えます。しかし第二通の「他力のなかの他力」という聖人のお言

葉は、「真の他力の菩提心」ということを指し示したものですし、それに対して、「他力のなかにまた他力があるのか」という門弟の側の質問は、他力の道には、お念仏のほかに何か特別の道があるのかという、奥義《おうぎ》のたぐいの有無を、それとなく、お伺《うかが》いを立てたもののようです。それと言うのも、聖人の精神に反することは明らかなのに、あらぬ疑いをかけるかのような質問を、あからさまに述べるのは、ためらわれるというのが普通の感覚だからです。また、そのような何かはないはずだとは思いながらも、第二通に「他力のなかの他力なり」という言葉があることから、あながち否定できないと考えたのかも知れません。聖人も、それを察した上で、きっぱりと否定し、詳しくは専信房に伝えておくと述べられます。このやり取りの背景には、慈信房の異義の影がちらつきます。いまだ明確な主張にまでは至っていない段階かも知れません。聖人も、この時点ではご存じなかったのでしょうか、慈信房の異義については、何も言及しておいでになりません。

【原　文】

他力のなかには　自力とまふすことは　さふらふと　きき候《そうら》ひき　他力のなかに　また他力とまふすことは　きき候はず　他力のなかに自力と　まふすことは　*雑行雑修《ぞうぎょうざっしゅ》　*定心念仏《じょうしんねんぶつ》を　こころがけられて　さふらふひとびとは　他力のなかの　自力のひとびとなり　他力のなかに　また他力とまふすことは　うけたまはり　さふらはず　なにごとも　専信房《せんしんぼう》の　しばらくもゐたらんと　さふらへば　そのとき　まふしさふらふべし　穴賢々々《あなかしこあなかしこ》

銭弐拾貫文《にじっかんもん》　慥《たしかに》　々《たしかに》　給《たまわり》　候《そうろう》　穴賢々々

十一月二十五日　　　親鸞

【語　釈】

雑行雑修《ぞうぎょうざっしゅ》　雑行は阿弥陀仏や浄土に直接かかわらない行。浄土門の五正行《ごしょうぎょう》（読誦・観察・礼拝・称名・讃嘆供養）以外の諸善万行を浄土往生の行として修すること。雑修は正定業《しょうじょうごう》たる称名に助業《じょごう》（五正行のうちの称名以外の行）を交えること。

定心念仏《じょうしんねんぶつ》　思いを対象に凝らして修する観念の念仏。

（十一）「教忍御坊 御返事」

――推定建長六年の消息②（十二月二十六日付）

【現代語訳】

（第十一通）

護念坊《ごねんぼう》の便にて、教忍坊《きょうにんぼう》殿よりおことづけの銭二百文《もん》、お志《こころざし》のもの、賜りました。また先頃はお念仏の集いの懇志、方々のご門侶《もんりょ》よりということで、確かに賜りました。皆さまに感謝の意、お伝え下さい。この返信にて、どちらへも、同様にお伝え下さい。

さて、お尋ねの件ですが、まことによいご質問かと存じます。まず「往生の業《ごう》因《いん》は一念《いちねん》（一声）でこと足りる」との仰《おお》せは、まことにそのとおりではありますが、そうであるからといって、一念以外に念仏を申すべきでないということではありません。この詳細は、『唯信鈔《ゆいしんしょう》』にあります。よくご覧になって下さい。「一念の後の相続の念仏は、十方の衆生《しゅじょう》に廻向《えこう》すべきである」との仰せも、そのとおりであります。十方の衆生に廻向するからといって二念・三念するのは、往生にとってよからぬこととお考えになるならば、まちがいであります。念仏往生の本願と仰せられるわけでありますから、多く申す者も、一念・一称《いっしょう》で命終わる者も、等しく浄土に生まれるのであると承《うけたまわ》っております。一念に過ぎぬ者でも往生するからといって、多く念ずる者は往生できないなどと申すことは、決してあってはならないことです。『唯信鈔』を、よくよくご覧下さい。

また「有念《うねん》・無念《むねん》」ということは、他力の法門では言わぬことです。聖道門《しょうどうもん》で申すことなのです。みな自力をたのみとする聖道の教えです。阿弥陀如来の選《せん》択《じゃくほんがん》本願の念仏は、有念の義でもないし、無念の義でもないと申すのです。どなたがおっしゃったとしても、決して取り合ってはなりません。聖道門で申すことを、生半可《なまはんか》に聞き、自己流に解釈して、浄土宗に取り込んで申すのでありましょうが、決して決して取り合ってはなりません。

また「慶喜《きょうき》」と申しますのは、他力の信心をえて、浄土往生が確実となったことよと喜ぶ心を申すのです。常陸《ひたち》の国の念仏者のなかに、「有念・無念の念仏」を沙汰《さた》する者があると聞き及んでおりますが、まちがいであると、以前に申しました。これは多分、「他力の救いは、行者《ぎょうじゃ》のはからいによるのではないから、有念にあらず、無念にあらず」と申したことを、聞き誤って、「有念・無念」というようなことをおっしゃったものと思われます。弥陀の選択本願は、行者のはからいの余地がないからこそ、ひとえに他力の救いと申すことです。一念こそが正しいとか、多念《たねん》こそが正しいとか、そのようなことを申すことも、決してあってはなりません。

なおなお、一念の後の相続のお念仏を、全宇宙の衆生に廻向するとの仰せは、釈迦如来・弥陀如来のご恩を報じ申したいと、十方の衆生に廻向されるようなら、まことに結構なことでありますが、二念・三念申したところで命尽きて往生する人もありましょうから、相続がないからといって、否定してはなりません。

よくよく『唯信鈔』をご覧下さい。念仏往生のお誓いなのでありますから、一念であろうが、十念《じゅうねん》であろうが、往生はまちがいなしと、思《おぼ》し召されますようにと存じます。あなかしこ　あなかしこ

十二月二十六日　　親鸞

教忍坊殿へ御返事

【解　説】

都では、かねてより「諸行往生」の問題、「一念・多念の諍論《じょうろん》」といった教義的な混乱が発生しており、聖人も嘆いていらっしゃいましたが、それが関東の同朋にまで飛び火した様子が窺えます。常陸の同朋のなかに起こった「有念・無念の念仏沙汰」がそれです。また、都における一念・多念の諍論ほどに学問的な論争ではないにしても、一念で往生が決まるとの考えから、多念の相続を否定したり、多念にこだわるあまり、一念では往生はできないと考えたりという、両極端に走る人があったようで、その点にも言及していらっしゃいます。そして有念・無念の念仏沙汰について聖人は、聖道門で言う

内容を、浄土門に持ち込むことが原因ではないかと見解を述べていらっしゃいます。これに類することが、聖覚法印の『唯信鈔』にも出てきます。「念仏門に入《い》りながら、なほ余行《よぎょう》をかねたる人は、そのこころをたづぬるに、おのおの本業《ほんごう》（もとの修行）を執《しゅう》してすてがたくおもふなり」とあります。ここでは念仏と余行を兼ねることについての言及ですが、自らが学んだ専門分野にとらわれて、真宗を融通的に解釈しようとする傾向は、今日に至るまで広く見られるところです。なお、次に取り上げる年不詳、二月三日付の消息が、建長七年と推定されることから、内容から見てそれと同時期と考えられる本消息は、建長六年の十二月二十六日の執筆と推定します。

【原　文】

護念坊《ごねんぼう》のたよりに　教忍御坊《きょうにんのおんぼう》より　銭二百文《もん》　御《おん》こころざしのもの　たまはりて　さふらふ　さきに　念仏のすすめのもの　かたがたの　御《おん》なかよりとて　たしかに　たまはりて　さふらひき　ひとびとに　よろこび　まふさせたまふ

べく　さふらふ　この御返事にて　おなじ御《おん》こころに　まふさせたまふべくさふらふ　さては　この御《おん》たづねさふらふことは　まことに　よき御《おん》うたがひどもにて　さふらふべし　まづ　一念《いちねん》にて　*往生《おうじょう》の業因《ごういん》は　たれりと　まふしさふらふは　まことに　さるべきことにて　さふらふべし　さればとて　一念のほかに　念仏を　まふすまじきことには　さふらはず　そのやうは　唯信《ゆいしん》鈔《しょう》に　くはしく　さふらふ　よくよく　御覧さふらふべし　一念のほかにあまるところの念仏は　十方の衆生《しゅじょう》に　廻向《えこう》すべしと　さふらふも　さるべきことにて　さふらふべし　十方の衆生に　廻向すればとて　二念　三念せんは　往生に　あしきことと　おぼしめされ　さふらはば　ひがことにて　さふらふべし　念仏往生の本願とこそ　おほせられて　さふらへば　おほくまふさんも　一念一称《いちねんいっしょう》も　往生すべしとこそ　うけたまはりて　さふらへ　かならず　一念ばかりにて　往生すといひて　多念《たねん》をせんは　往生すまじきと　まふすことは　ゆめゆめ　あるまじきことなり　唯信鈔を　よくよく　御覧さふらふべし　また　有念無念《うねんむねん》とまふすことは　他力の法門には　あらぬことにて

さふらふ　聖道門《しょうどうもん》に　まふすことにて　さふらふなり　みな　自力聖道の法文《ほうもん》なり　阿弥陀如来の　選択本願念仏《せんじゃくほんがんねんぶつ》は　有念の義にもあらず　無念の義にもあらずと　まふし　さふらふなり　いかなるひと　まふしさふらふともゆめゆめ　もちゐさせたまふべからず　さふらふ　聖道に　まふすことを　あしざまにききなして　浄土宗に　まふすにてぞ　さふらふらん　さらさら　ゆめゆめ　もちゐさせたまふまじく　さふらふ　また　慶喜《きょうき》とまふしさふらふことは　他力の信心をえて　往生を一定《いちじょう》してむずと　よろこぶこころを　まふすなり　常陸国中《ひたちこくちゅう》の　念仏者のなかに　有念無念の念仏沙汰《ねんぶつざた》の　きこえさふらふは　ひがことにさふらふと　まふしさふらひにき　ただ　詮《せん》ずるところは　他力のやうは　行者《ぎょうじゃ》のはからひにては　あらずさふらへば　有念にあらず　無念にあらずと　まふすことを　あしふききなして　有念無念なんど　まふしさふらひけると　おぼえさふらふ　弥陀の選択本願は　行者のはからひのさふらはねばこそ　ひとへに他力とは　まふすことにて　さふらへ　一念こそよけれ　多念こそよけれなんど　まふすことも　ゆめゆめ　あるへからず　さ

ふらふ　なをなを　一念のほかに　あまるところの御念仏《おんねんぶつ》を　*法界衆生《ほっかいしゅじょう》に廻向すと　さふらふは　釈迦　弥陀如来の　御恩を報じまいらせんとて　十方衆生に　廻向せられさふらふらんは　さるべくさふらへども　二念　三念まふして　往生せんひとを　ひがこととは　さふらふべからず　よくよく　唯信鈔を御覧さふらふべし　念仏往生の　御《おん》ちかひなれば　一念　十念《じゅうねん》も　往生はひがことにあらずと　おぼしめすべきなり　あなかしこ　あなかしこ

十二月二十六日　　親鸞

教忍御坊　御返事

【語　釈】

往生《おうじょう》の業因《ごういん》　浄土往生の因となる業。十八願の念仏のこと。

法界衆生《ほっかいしゅじょう》　あらゆる世界の衆生。全宇宙の衆生。

（十二）「よくよくつつしみたまふべし」

――推定建長七年の消息①（二月三日付）

【現代語訳】

（第十二通）

何はさておき、御本願のおみのりのお広まり下されましたことは、返すがえすめでたく、うれしゅう存じます。それなのに、あちらこちらで、自分こそがと考えて争うことは、決してあってはなりません。京でも、「一念《いちねん》・多念《たねん》」などという、争うことが絶えませんが、そのようなことは、いささかもあってはなりません。突き詰めて申せば、『唯信鈔《ゆいしんしょう》』『後世物語《ごせものがたり》の聞書《ききがき》』『自力他力《じりきたりき》の事《こと》』、これらの書を常によく見て、そのお心にたがわぬように心掛けて下さい。いずこの人々にも、この旨《むね》をおっしゃって下さい。なお、はっきりしない点があれば、思いがけず長生きしておりますので、直接にもお尋ね下さい。また便のある折に、ことづけて下さい。鹿島《かしま》、行方《なめかた》、その近辺の人々にも、この旨をねんごろにお伝え下さい。一念・多念の争いのように、無益なこと、論争のようなことばかりに熱を入れているのではないか。よくよく慎《つつし》むべきことです。あなかしこ　あなかしこ

かようなことをわきまえない人々は、無意味な言い合いにかかずらっているのです。よくよく慎んで下さい。返すがえす。

二月三日　　親鸞

【解　説】

都で起こった「一念・多念の論争」について触れると同時に、そのような争いごとはあってはならないと、常陸の同朋を誡めています。しかし締めくくりの部分からは、それに類する争いごとが、関東の同朋のなかでもすでに起こっていることが窺えます。

ところで、建長六年までは、『唯信鈔』を読むことを聖人は盛んに勧められました。建長四年の一通に、『自力他力の事』を同時に勧めていらっしゃるのが唯一の例外です。しかし本消息では、それに加えて『後世物語の聞書』（著者未詳）を勧めていらっしゃいます。『唯信鈔』に関しては、書写の記録が多数残っているのに対して、『後世物語の聞書』については、建長六年九月十六日に書写されたとの記録が残っているのみです。それ以前にも書写をしていらっしゃる可能性はありますが、唯一の記録にかんがみ、本消息の執筆年代は建長七年以降と推定しました。建長八年ということも考えられますが、その頃になると、同朋のなかでの大きな課題は、慈信房の異義の問題であり、それにまつわる内容が多くなります。また誓願と名号《みょうごう》を分ける考え方が問題となってきます。しかし本消息には、それらの痕跡《こんせき》は見られないことから、建長七年（聖人八十三歳）と推定しました。

【原文】

なにごとよりは　如来の御本願の　ひろまらせたまひて　さふらふこと　かへすがへす　めでたく　うれしく　さふらふ　そのことに　をのをの　ところどころに　われはといふことを　おもふて　あらそふこと　ゆめゆめ　あるべからず　さふらふ　京にも　一念多念《いちねんたねん》なんどまふす　あらそふことの　おほくさふらふやうに　あること　さらさら　さふらふべからず　ただ詮《せん》ずるところは　唯信鈔《ゆいしんしょう》　後世物語《ごせものがたり》　自力他力《じりきたりき》　この御文《おんふみ》どもを　よくよく　つねにみてその御《おん》こころに　たがへず　おはしますべし　いづかたの　ひとびとにも　このこころを　おほせられ　さふらふべし　なを　おぼつかなきこと　あらば今日まで　いきて　さふらへば　わざとも　これへ　たづねたまふべし　また便にも　おほせたまふべし　鹿島《かしま》　行方《なめかた》　そのならびの　ひとびとにも　このこころを　よくよく　おほせらるべし　一念多念のあらそひ　なんどのやうに

詮なきこと　論じごとをのみ　まふしあはれて　さふらふぞかし　よくよく
つつしむべきことなり　あなかしこ　あなかしこ
かやうのことを　こころえぬひとびとは　*そのことなきことを　まふしあ
はれて　さふらふぞ　よくよく　つつしみたまふべし　かへすがへす
二月三日　親鸞

【語　釈】

そのこととなきこと　なんということもないこと。無意味なこと。

（十三）「性信御坊」

――推定建長七年の消息②（七月九日付）

【現代語訳】

（第十三通）

六月一日のご書信、詳しく拝見しました。そもそも鎌倉での訴訟《そしょう》の様子は、あらまし承《うけたまわ》っておりました。ご書信にもあるとおりに承っておりましたし、格別のことは、よもやあるまいと思っておりましたが、鎌倉よりお帰りになったとのこと、うれしゅう存じます。

思い起こせば、この訴訟に関しては、貴方一人の問題ではありません。浄土門の念仏者、全体の問題です。こうしたことは、故聖人（源空）の頃にも、わたくしも含めて、いろいろと言われてきたことです。殊更《ことさら》めいた訴えなのです。性《しょう》信坊《しんぼう》一人で抱《かか》え込むべきことではありません。念仏を続けてゆこうと思う人は、心を合わせて対処すべき事柄です。貴方のことを笑って済ますべきことではありません。念仏者でも、ものを心得ぬ人は、性信坊の責任であるかに申すのでしょうが、とんでもないことです。念仏を続けてゆこうと思う人は、性信坊の助けにこそなるべきでありましょう。母御《ははご》や姉・妹などが、いろいろに言われていることは、昔にもあったことです。そういう偏見もあって、念仏がとどめられていたのが、世に例の大事件が起こったことで、それにつけても、念仏を深く信頼申して、世の祈りともなりますから、ねんごろに申してゆかれるのが宜《よろ》しいかと存じます。

ご書信の様子では、陳情も、総じてよく整っていたようで、うれしゅう存じます。突き詰めて申せば、貴方に限らず、念仏を申してゆこうと思う人は、わが身のためということは考えずとも、皇室の人々のため、国民のためということを思って、念仏を申してゆかれるようならば、申し分ないと存じます。浄土往生がいまだ不確かと思われる人は、まずご自身の往生のことをお考えになってお念仏なさるのが宜しかろう。わが身の往生はすでに確実と思える人は、仏《ぶつ》のご恩が思われましょうから、ご報恩のために、お念仏を心掛けて申して、世のなか安穏《あんのん》なれ、仏法ひろまれと思《おぼ》し召すのが宜しいかと存じます。よくよくご思案下さい。この他には、別にはからうべきことがあるとは思われません。

ともあれ、早くお帰りになることのできましたことが、何よりうれしゅう存じます。よくよくお念仏を心掛けて、往生は確実と心が定まりましたなら、仏のご恩が思われましょうが、特別なことがあるわけではありません。お念仏を心掛けて、申されますようにと存じます。あなかしこ　あなかしこ

七月九日　親鸞

性信坊殿

【解　説】

年号は不詳ですが、鎌倉での訴訟に触れながらも慈信房の異義の影響は感じられない

ことから、建長七年の執筆と推定します。現存の消息において最も多い宛名は、性信房です。また名が本文中にしばしば出てきます。関東教団における位置づけが自《おの》ずと窺えるところです。実際に、横曽根門徒《よこそねもんと》と呼ばれる有力な門徒集団のリーダーであると同時に、本消息にもあるように、関東の全門徒の代表として訴訟に対応するなど、実務的な手腕をも買われていた人物でした。総体、聖人から厚い信頼を寄せられていたことが文面からも伝わってきます。本消息は、訴訟の対処に奔走《ほんそう》していた性信房にあてて聖人がねぎらいの気持ちをこめてしたためられた一通です。聖人と性信房の歳の差は十四歳であると言いますから、当時としては性信もたいへんな高齢であったわけです。それにしても、聖人は性信房を思いやり、言葉を尽くしてねぎらっていらっしゃいます。このような手紙を受け取った性信房の、感激のほどが偲《しの》ばれます。ところで訴訟の過程で、性信房が責任を問われるような事態が発生したようです。しかし聖人は、性信房の責任をあげつらう者こそ道理をわきまえぬ者で、貴方の味方にこそなるべきであると、性信房がめげないようにと励ましていらっしゃいます。「母姉妹なんど　やうやうに　まふさるることは　ふるごとにて　さふらふ（母御や姉・妹などが、いろいろに言われていることとは、昔にもあったことです）」とあるのは、かって法然門下にあって聖人が都で経験された事柄を指しています。念仏者の不品行ということが口実とされ、念仏教団の弾圧が行われたのでした。「よに　くせごとの　おこり　さふらひしかば（世に例の大事件が起こったことで）」とあるのは、承久《じょうきゅう》の乱および三上皇《じょうこう》の配流《はいる》について言及されたものと考えられます。

消息の最後の部分は、念仏者として社会といかに向き合うかということを述べて余すところがありません。

「わが身の往生一定と　おぼしめさんひとは　仏の御恩を　おぼしめさんに　御報恩のために　御念仏　こころにいれて　まふして　世のなか安穏なれ　仏法ひろまれとおぼしめすべしとぞ　おぞえさふらふ（わが身の往生はすでに確実と思える人は、仏のご恩が思われましょうから、ご報恩のために、お念仏を心掛けて申して、世のなか安穏なれ、仏法ひろまれと思し召すのが宜しいかと存じます）」。

自身の信心を決定することが先決だが、それが達成されたなら、相手にとって何が善で何が悪かを仏のごとくには判断できないわれわれは、いかなる現実を目の前にしても、右往左往《うおうさおう》することなく、世のなか安穏なれ、仏法ひろまれとの心で、お念仏申す以外にないというのです。

ところで、この直前の部分も、別の意味で興味深いところです。「往生を　不定におぼしめさんひとは　まづ　わが身の往生を　おぼしめして　御念仏さふらふべし（浄土往生がいまだ不確かと思われる人は、まずご自身の往生のことをお考えになってお念仏なさるのが宜しかろう）」とあります。私《わたくし》どもは、「往生が不定と思われるなら、よく聴聞《ちょうもん》すべし」という教えぶりなら聞き慣れていますが、「ために念仏すべし」というのは、あまり聞きません。しかし、現に聖人が、そのように勧めていらっしゃるわけですから、曲がりくねった松を無理に真っ直ぐに見ようとするようなことはせず、素直にお心に従うのが賢明だと思います。

総じて、性信宛のお手紙からは、相手に対する信頼感というものが伝わってきます。一説によると、性信房は聖人の最初の弟子であると言います。つまり聖人が法然門下にあった頃にすでに法然上人の孫弟子のような立場であったというのです。聖人のご流罪《るざい》が解かれて関東に向かわれた折には、越後までお迎えに出向いたとも言われ、また聖人が関東から都に帰るときには、箱根までお供をしたとも伝えられています。これらが史実かどうかは別としても、師と弟子という関係性を超えて、あらゆる場面で苦楽を共にした、いわば人生の旅の同行者であったわけですから、性信房宛のお手紙から感じられる信頼感、安心感というものも、当然と言えば当然なのかも知れません。

【原　文】

六月一日の御文《おんふみ》　くわしく　みさふらひぬ　さては　鎌倉にての　御《おん》うたへのやうは　おろおろ　うけたまはりて　さふらふ　この御文にたがはず　うけたまはりて　さふらひしに　別のことは　よもさふらはじと　おもひ　さふらひしに　御《おん》くだり　うれしく　さふらふ　おほかたは　このうたへのやうは　御《おん》身《み》ひとりのことには　あらず　さふらふ　すべて　浄土の　念仏者のことなりこのやうは　故聖人の御《おん》とき　この身どもの　やうやうに　まふされ　さふらひしことなり　ことも　あたらしき　うたへにて　さふらふなり　性信坊《しょうしんぼう》ひ

とりの　沙汰《さた》あるべきことには　あらず　念仏まふさんひとは　みな　おなじこころに　御沙汰《おんさた》あるべきことなり　御身を　わらひまふすべきことには　あらず　さふらふべし　念仏者の　ものにこころえぬは　性信坊のとがに　まふしなされんは　きはまれる　ひがことに　さふらふべし　念仏まふさんひとは性信坊の　かたうど（方人）にこそ　なりあはせたまふべけれ　母姉妹《あねいもうと》なんど　やうやうに　まふさるることは　ふるごとにて　さふらふ　さればとて　念仏をとどめられさふらひしが　よに　*くせごとの　おこり　さふらひしかば　それにつけても　念仏を　ふかくたのみて　世のいのりに　こころにいれて　まふしあはせたまふべしとぞ　おぼえさふらふ　御文のやう　おほかたの陳状《ちんじょう》よく御《おん》はからひども　さふらひけり　うれしく　さふらふ　詮《せん》じさふらふところは　御身にかぎらず　念仏まふさんひとびとは　*わが御身《おんみ》の料《りょう》は　おぼしめさずとも　朝家《ちょうか》の御《おん》ため　国民のために　念仏を　まふしあはせたまひ　さふらはば　めでたふ　さふらふべし　往生を　不定《ふじょう》に　おぼしめさんひとはまづ　わが身の往生を　おぼしめして　御念仏《おんねんぶつ》さふらふべし　わが身の往生

一定《いちじょう》と　おぼしめさんひとは　仏《ぶつ》の御恩を　おぼしめさんに　御報恩のために　御念仏　こころにいれて　まふして　世のなか安穏《あんのん》なれ　仏法ひろまれと　おぼしめすべしとぞ　おぼえさふらふ　よくよく　御按《ごあん》さふらふべし　このほかは　別の御《おん》はからひ　あるべしとは　おぼえず　さふらふ　なをなを　とく御《おん》くだりの　さふらふこそ　うれしふ　さふらへ　よくよく　御《おん》こころにいれて　往生一定と　おもひさだめられ　さふらひなば　仏の御恩を　おぼしめさんには　こと（異）事は　さふらふべからず　御念仏を　こころにいれて　まふさせたまふべしと　おぼえさふらふ　あなかしこ　あなかしこ

七月九日　親鸞

性信御坊《しょうしんのおんぼう》

【語　釈】

くせごと　ありえないこと。大事件。──わが御身《おんみ》の料《りょう》　自分自身のためのこと。

（十四）「有阿弥陀仏 御返事」

——推定建長七年の消息③（七月十三日付）

【現代語訳】

（第十四通）

尋ねていらっしゃいますお念仏についてのご質問のこと、「念仏往生と信ずる人は辺地《へんじ》の往生の者」といって、しりぞける人があるとのことですが、およそ心得がたく存じます。と申しますのも、阿弥陀仏の本願は、名号《みょうごう》をとなえようとする者を極楽へ迎えようとお誓いになったのを、深く信じてとなえるのがみ教えにかなったのです。信心があっても、さっぱり名号をとなえないようでは、甲斐《かい》なきことです。また名号を、ひたすらとなえているとしても、信心が浅いようなら、浄土往生はむつかしいでしょう。

ですから、念仏往生の誓いと深く信じて、そのとおり名号をとなえようとする人は、まちがいなく、報土往生《ほうどおうじょう》を遂げる方でありましょう。要するに、名号をとなえているとしても、他力の救いを誓った本願を信じていない人は、辺地に生まれるのが妥当です。本願・他力を、深く信じてゆこうという仲間が、どうして辺地の往生なのでしょうか。この旨《むね》を、よくよく心得て、お念仏申して下さい。

この身はもはや、歳きわまっておりますので、お先に往生するはずですから、お浄土で、必ず、必ず、お待ち申し上げていることでしょう。あなかしこ　あなかしこ

七月十三日　親鸞

有阿弥陀仏《ゆうあみだぶつ》へ御返事

【解　説】

「念仏往生」という言葉は、もとは善導大師にありますが、それを特に重視し、最も

多く使われたのが法然上人でした。そのお弟子である聖覚法印は、『唯信鈔』において、念仏往生の心を詳しく解説しています。親鸞聖人は、『唯信鈔』を多く書写して門弟に送り、よく読んでお心を体得《たいとく》するようにと勧められました。ところが、あろうことか、その「念仏往生」という言葉を否定的にとらえる考えが現れます。「念仏往生と信ずる人は、報土に往生できない」というのです。このような、本来ありえない主張がなされるようになった背景には、慈信房の異義があると考えられます。一方で、名号の救いと誓願の救いを分けて考えるという異義も発生していました。その影響も、あるのかも知れません。いずれにせよ、建長八年五月二十九日付の消息によって、慈信房は義絶《ぎぜつ》されますので、七月十三日付の本消息は、建長七年の執筆と推測されます。

【原　文】

尋《たずね》仰《おおせ》られ候《そうろう》　念仏の不審の事　念仏往生と信ずる人は　辺地《へんじ》の往生とてきらはれ候らんこと　おほかた　こころえがたく候　そのゆへは　弥陀の本願と

まふすは　名号《みょうごう》を　となへんものをば　極楽へ　むかへんと　ちかはせたまひたるを　ふかく信じて　となふるが　めでたきことにて候なり　信心ありとも　名号を　となへざらんは　詮《せん》なく候　また　一向名号を　となふとも　信心あさくは　往生しがたく　さふらふ　されば　念仏往生と　ふかく信じて　しかも名号を　となへんずるは　うたがひなき　報土《ほうど》の往生にて　あるべくさふらふなり　詮ずるところ　名号を　となふといふとも　他力本願を　信ぜざらんは　辺地に　む《(生)》まるべし　本願他力を　ふかく信ぜんともがらは　なにごとにかは　辺地の往生にて候べき　このやうを　よくよく　御《おん》こころえ候て御念仏《おんねんぶつ》　候べし　この身は　いまは　としきはまりて　さふらへば　さだめてさきだちて　往生し候《そうら》はんずれば　浄土にて　かならず　かならず　まちまいらせ　さふらふべし　あなかしこ　あなかしこ

七月十三日　　親鸞

有阿弥陀仏《ゆうあみだぶつ》　御返事《おんかえりこと》

（十五）「性信御坊へ」

――推定建長七年の消息④（日付なし）

【現代語訳】

（第十五通）

鎌倉よりお帰りの後、何ごとかありましたか。このたび源藤四郎殿《げんとうしろう》と思いがけず再会することができました。幸便に感謝しつつ申し上げます。その後、何ごとかありましたか。念仏の訴訟《そしょう》の方は、鎮《しず》まったとの由《よし》、方々より承《うけたまわ》っておりますので、何よりも、うれしゅう存じます。いよいよ念仏も、広まろうとしているのだなあと、こちらでも喜んでおります。それにつけても、ご自身の往生に関しては、すでに定まったのです。念仏を心掛けて、常に申して、念仏を謗《そし》っているような人々の行く末、今生《こんじょう》のこと、後世《ごせ》のことまで、念じてあげて下さるよう望みます。ご自身のためには、もはやお念仏は、なさらずとも宜《よろ》しかろう。ただ歪《ゆが》みきった世間の人々のことを念じ、弥陀のお誓いの懐《ふところ》に入れと、お思いになるならば、仏《ぶつ》のご恩を報じ申すことになると存じます。よくよくお心掛けなされて、ともに申して下さるよう望みます。聖人（源空）の、二十五日のお念仏の集いも、詰まるところ、かような邪見《じゃけん》の者を助けんがためにこそ、ともに申されよと、申すことでありますから、念仏を謗るような人に対しても、助かれと、よくよくお思いになって、ともに念仏申して下さるよう望みます。

まあこれも、便ある折にたびたび申したことではありますが、源藤四郎殿の幸便に恵まれて、申した次第です。あなかしこ　あなかしこ

入西坊《にゅうさいぼう》殿のもとへも便りを出したいのですが、同じことになりますので、この書状の内容を、お伝え下さるよう望みます。あなかしこ　あなかしこ

親鸞

性信坊《しょうしんぼう》殿へ

【解　説】

年月日の記載はありませんが、第十三通として取り上げた性信房宛の七月九日付の消息から、さほど間を置かない時期の消息であることが内容からわかります。七月九日付の消息には、性信房が鎌倉から帰ったことについて、まったく思いがけないことでうれしく思うとの聖人のお言葉がありました。本消息では、その後の経過についてまず尋ねていらっしゃいます。そのことを、聖人が非常に気にかけていらっしゃった様子が文面からも窺えます。内容的にも、七月九日付の消息を補足したものとなっています。すなわち往生が確定した上は、自らのための念仏は、もはや不要であり、報恩の思いを持って、世のため人のために念仏申しましょうと、念を押していらっしゃいます。七月九日付けの消息と同様、聖人の性信房への親しみの情と信頼のお気持ちを感じさせる一通です。

なお、本文に名前のある入西坊は、『門侶交名牒《もんりょきょうみょうちょう》』によれば常陸国在住で、『御伝鈔《ごでんしょう》』（第八段「入西鑑察」）にも登場する古参の門弟です。

【原　文】

くだらせたまひてのち　なにごとか　さふらふらん　この源藤四郎《げんとうしろう》殿に　おもはざるに　あひまいらせて　さふらふ　便のうれしさに　まふし　さふらふ

そののち　なにごとか　さふらふ　念仏のうたへのこと　しづまりて　さふらふよし　かたがたより　うけたまはりさふらへば　うれしふこそ　さふらへ

いまは　よくよく　念仏も　ひろまりさふらはんずらんと　よろこびいりてさふらふ　これにつけても　御身《おんみ》の料《りょう》は　いま　さだまらせたまひたり　念仏を　御《おん》こころにいれて　つねにまふして　念仏そしらんひとびと　この世　のちの世までのことを　いのりあはせたまふべく　さふらふ　御身どもの料は御念仏《おんねんぶつ》は　いまは　なにかは　せさせたまふべき　ただ　ひがふたる　世のひとびとを　いのり　弥陀の　御《おん》ちかひにいれと　おぼしめしあはば　仏《ぶつ》の御恩を　報じまいらせたまふに　なりさふらふべし　よくよく　御《おん》こころにいれて

まふしあはせたまふべく　さふらふ　*聖人《しょうにん》の　二十五日《にじゅうごにち》の御念仏《おんねんぶつ》も　詮《せん》ずる
ところは　かやうの邪見《じゃけん》のものを　たすけん料にこそ　まふしあはせたまへと
まふすことにて　さふらへば　よくよく　念仏そしらんひとを　たすかれと
おぼしめして　念仏しあはせたまふべく　さふらふ　またなにごとも　度々
便には　まふしさふらひき　源藤四郎殿の便に　うれしふて　まふしさふらふ
あなかしこ　あなかしこ
入西御坊《にゅうさいおんぼう》のかたへも　まふしたふ　さふらへども　おなじことなれば　この
やうを　つたへたまふべく　さふらふ　あなかしこ　あなかしこ

親鸞

性信御坊《しょうしんのおんぼう》へ

【語　釈】

聖人《しょうにん》の二十五日《にじゅうごにち》の御念仏《おんねんぶつ》　法然上人の毎月の命日に各地で催された念仏の集い。

（十六）「性信御房」

——推定建長七年の消息⑤（九月七日付）

【現代語訳】

（第十六通）

武蔵《むさし》の国より、いいしむの入道殿《にゅうどう》と申す人と正念房《しょうねんぼう》と申す人が、大番役《おおばんやく》で上洛なさったとのことで、お見えになりました。お会いしてみると、お念仏の志《こころざし》がありになるとのこと、それが特にうれしく、喜ばしく思われました。貴方のお勧めとのことでした。返すがえす、うれしく、感慨深う存じます。なおなお、ねんごろにお勧め申して、信心が変わらぬものとなるよう人々に申し伝えて下さい。如来のお誓いに加えて、釈尊が遣わして下さいます。また、あらゆる方向に恒《ごう》河《が》の砂の数ほどもましますの諸仏が、保証して下さることです。信心はまことで、変わることなどあるまいと思っていたのに、いろいろに、変わってしまわれましたこと、特にやるせなく思っております。なおなおねんごろに、お勧め申して下さるよう望みます。あなかしこ　あなかしこ

九月七日

親鸞

性信房《しょうしんぼう》殿

念仏にまつわることで、いろいろご苦労が絶えないと、伝え聞いておりましたが、心配ない状況になったと、お二人のお話でした。とりわけ喜ばしく、うれしゅう存じます。何ごとも、何ごとも、申し尽くし難う存じます。命ありましたなら、また追って申し上げたく存じます。

【解　説】

関東の二人の同朋が上洛し、聖人のお住まいを訪ねました。大番役（王番）というの

は、御所や都の門の警護を務める武士の役職です。性信房によってご縁を結んだという
この二人とは、聖人は初対面でした。聖人が関東を離れた後の、時の流れを感じさせま
す。追伸では、鎌倉での訴訟の問題が沈静化したことへの安堵の気持ちを述べていらっ
しゃいます。しかし関東の同朋の信仰が揺らいでいることへの懸念《けねん》を、伝えずにはいら
れない聖人でした。

【原　文】

武蔵《むさし》よりとて　しむの入道《にゅうどう》どのとまうす人と　正念房《しょうねんぼう》とまうす人の　王番《おうばん》に
のぼらせたまひて　さふらふとて　おはしまして　さふらふ　みまいらせて
さふらふ　御念仏《おんねんぶつ》の御《おん》こころざし　おはしますとさふらへば　ことにうれしう
めでたふ　おぼえさふらふ　御《おん》すすめと　さふらふ　かへすがへす　うれしう
あはれに　さふらふ　なをなを　よくよく　すすめまいらせて　信心かはらぬ
様に　人々に　まうさせたまふべし　如来の　御《おん》ちかひのうへに　釈尊の御《おん》こ

となり　また　十方恒沙《じっぽうごうじゃ》の諸仏の　御証誠《ごしょうじょう》なり　信心は　かはらじと　おもひさふらへども　様々《ようよう》に　かはりあはせたまひて　さふらふこと　ことに　なげきおもひ　さふらふ　よくよく　すすめまいらせたまふべく　さふらふ　あなかしこ　あなかしこ

九月七日　　親鸞

性信御房《しょうしんのおんぼう》

念仏の　あひだのことゆへに　御沙汰《ごさた》どもの　様々に　きこえさふらふに　こころやすく　ならせたまひて　さふらふと　この人々の　御《おん》ものがたり　さふらへば　ことにめでたふ　うれしう　さふらふ　なにごとも　なにごとも　まうしつくしがく　さふらふ　いのちさふらはば　またまた　まうしさふらふべく　さふらふ

（十七）「愚禿親鸞八十三歳書之」

――建長七年十月三日付の消息

【現代語訳】

（第十七通）

笠間《かさま》の念仏者の寄せられたご質問について

さて、浄土真宗の心を言えば、往生を求める資質ある者にも、他力の機《き》と自力の機とがあります。このことは、印度《いんど》の論師《ろんじ》（龍樹・世親）、浄土門の祖師がたが、すでに仰《おお》せられた事柄です。

まず「自力」と申しますのは、行者《ぎょうじゃ》の、おのおのの縁に従って他の仏号《ぶつごう》を称《しょう》念《ねん》し、他の善根《ぜんごん》を修行して、わが身をたよりに、わがはからいの心で、身《しん》・口《く》・

意《い》の乱れをつくろい、りっぱに仕上げて、浄土へ往生しようと思うのを「自力」と申します。次に「他力」と申しますのは、阿弥陀如来のお誓いのなか、選び抜かれ取り込まれた第十八の念仏往生の本願を信楽《しんぎょう》するのを「他力」と申します。「如来のお誓いであるから、他力には義なきを義とす」と聖人（源空）の仰せでありました。義というのは、はからうという意味です。行者のはからいは、自力のはからいであって、義というのです。他力の救いは、本願を信楽して浄土往生が確かに定まるゆえに、まったくはからいの余地はないというのです。

ですから、このような悪い身であるから、どうして如来が迎えて下さるだろうかと思わずともよいのです。凡夫《ぼんぶ》は、もともと煩悩《ぼんのう》を抱《かか》えた身であるから、悪い者と思うのが本当です。また自分の心掛けがよいから往生できるのだなどと考えてはなりません。自力のはからいでは真実の報土《ほうど》へ生まれることはできません。行者のそれぞれの自力の信では、懈慢界《けまんがい》や辺地《へんじ》への往生、胎生疑城《たいしょうぎじょう》の浄土にとどまると承《うけたまわ》っております。第十八の本願が成就《じょうじゅ》したことで、阿弥陀如来とおなりあそばして、思いも及ばぬ窮《きゅう》極《きょく》の利益《りやく》のご様相を、天親菩薩《てんじんぼさつ》は「尽十方無碍《じんじっぽうむげ》光如来《こうにょらい》」と表して下さいました。それゆえに、人の善し悪《あ》しを問わず、煩悩の心を問題とせず、分け隔てなさらずして、往生は必ずできると知るべきであるというのです。ですから恵心院《えしんいん》の和尚《かしょう》（源信）は『往生要集《おうじょうようしゅう》』に、本願の念仏を信楽するありさまを表して、「歩むもとどまるも、座《ざ》するも臥《が》するも、時間も場所も条件も問わない」と仰せられました。「真実の信心をえた人は、摂取《せっしゅ》のひかりにおさめ取られ申したのである」と、確かに表された。ですから「無明《むみょう》・煩悩を具《ぐ》したまま安養《あんにょう》浄土《じょうど》へ往生すれば、必ず速《すみ》やかに、この上なき仏の覚《さと》りに至るのである」と、釈迦如来がお説きになりました。

しかるに善導和尚《ぜんどうかしょう》は、「五濁《ごじょく》の悪世《あくせ》を生きるわれらは、釈迦一仏のお言葉を素直に信ずることがむつかしかろうとて、十方の恒河《ごうが》の砂の数ほどの諸仏が、証人となって下された」と、ご解説下され、「釈迦・弥陀・十方の諸仏が、みな同じお心で、本願念仏の衆生《しゅじょう》には、影が姿に添うように離れたまわぬのである」と、明かされました。ですから、この信心の人を釈迦如来は、「わが親しき友である」と、お喜びになります。この信心の人を「真の仏弟子《ぶつでし》」とおっしゃいます。この人を「正念《しょうねん》に住する人」と示されます。この人は、おさめ取られ捨てられることのない身であるから、金剛心《こんごうしん》をえた人と申すのです。この人を、「上上人《じょうじょうにん》」とも「好人《こうにん》」とも「妙好人《みょうこうにん》」とも「最勝人《さいしょうにん》」とも「希有人《けうにん》」とも申すのです。この人は、正定聚《しょうじょうじゅ》の位に定まったのだと知られます。ですから「弥勒《みろく》とひとしい人」とおっしゃいます。これは、真実信心をえたゆえに、必ず真実の報土に往生するのだと知られます。この信心をうることは、釈迦・弥陀・十方諸仏のご方便により賜ったのだと知って下さい。ですから、諸仏の教えを謗《そし》ることはないし、他の善根を行ずる人を謗ることもありえません。「この念仏する人を憎み謗る人に対しても、憎んだり謗ったりしてはいけない。憐《あわ》れみの心を持ち、痛ましく思う心を持つべきである」と、聖人（源空）はおっしゃいました。もったいないお言葉です。

仏恩《ぶっとん》の深いことには、懈慢界や辺地に往生し、疑城胎宮《ぎじょうたいぐ》に往生する場合でさえ、弥陀のお誓いのなか、第十九・第二十の願のご矜哀《こうあい》にて、想像を超えた楽しみに遇《あ》うとのことです。仏恩の深さは、量《はか》り知れません。ましてや、真実の報土に生まれて、大涅槃《だいねはん》のさとりを開くことができるとは、仏恩を、よくよくおしはかって下さい。以上のことは、決して性信坊《しょうしんぼう》と親鸞が示し合わせて申しているのではありません。断じて。

建長《けんちょう》七年乙卯《きのとのう》十月三日

愚禿《ぐとく》親鸞八十三歳之《これ》を記す

【解　説】

笠間の同朋からの質問に答えた法語形式の消息です。本消息は真蹟《しんせき》が現存します。日付とともにご自身の年齢を記していらっしゃる点が特徴です。年齢の記された消息は他にも三通ありますが、一通を除いては、みな法語形式の消息です。本文の内容は、自力の機と他力の機の違い、他力の救いのこと、化土往生《けどおうじょう》のこと、本願成就《ほんがんじょうじゅ》と名号のこと、光明による摂取のこと、浄土で仏果《ぶっか》に至ること、諸仏の証誠護念《しょうじょうごねん》のこと、真の仏弟子のこと等、真宗の教えの要点が、簡潔にまとめられています。そのなかに「他力には義なきを義とす」という法然上人のお言葉が引用されています。「義なき」の義は、凡夫のはからいを意味し、「義とす」の義は、旨《むね》を意味します。都にしろ、関東にしろ、教義上のさまざまな問題や混乱の起こるのは、要するに、凡夫の浅はかなはからいに原因があると、聖人は見ていらっしゃいました。それを誡める言葉として、この法然上人のお言葉を引かれたのです。この言葉は、その後多くの消息で、繰り返し引用されました。

また他宗への誹謗ということについても、対外的な意味からも、また信仰の面からも、誡めていらっしゃいます。そして、そのことを述べる部分でも、やはり法然上人のお言葉を引用されます。「しかれば　諸仏の御おしえを　そしることなし　余の善根を行ずる人を　そしることなし　この念仏する人を　にくみそしる人おも　にくみそしること　あるべからず　あわれみをなし　かなしむこころを　もつべしとこそ　聖人（源空）は　おほせごと　ありしか（ですから、諸仏の教えを謗ることはないし、他の善根を行ずる人を謗ることもありえません。「この念仏する人を憎み謗る人に対しても、憎んだり謗ったりしてはいけない。憐れみの心を持ち、痛ましく思う心を持つべきである」と、聖人はおっしゃいました）」とある部分です。以上のように、特に大事なお諭しの言葉を述べるときに、親鸞聖人は、しばしば法然上人のお言葉を引用されました。

ところで本消息の結びの部分、「これさらに　性信坊　親鸞が　はからひ申には　あらず候　ゆめゆめ（以上のことは、決して性信坊と親鸞が示し合わせて申しているのではありません。断じて）」とある部分は、何か含みのある言葉と感じます。裁判に関連して、聖人と性信房が何かを示し合わせて説いているというようなことを吹聴《ふいちょう》する者があって、それを念頭に、述べられたのかも知れません。

【原　文】

かさまの　念仏者の　うたがひ　とわれたる事

それ　浄土真宗の　こころは　往生の*根機《こんき》に　他力あり　自力あり　このこと
すでに　*天竺《てんじく》の論家《ろんげ》　*浄土《じょうど》の祖師《そし》の　おほせられたる　ことなり　まづ　自
力と申《もうす》ことは　行者《ぎょうじゃ》の　おのおのの縁に　したがひて　*余《よ》の仏号《ぶつごう》を　称念《しょうねん》し
*余《よ》の善根《ぜんごん》を　修行して　わがみを　たのみ　わがはからひの　こころをもて

身口意《しんくい》の　みだれごころを　つくろい　めでたうしなして　浄土へ　往生せむと　おもふを　自力と申なり　また　他力と申ことは　弥陀如来の　御《おん》ちかひの中に　選択摂取《せんじゃくせっしゅ》したまへる　第十八の　念仏往生の本願を　信楽《しんぎょう》するを他力と申なり　如来の　御《おん》ちかひなれは　他力には　義なきを義とすと　聖人の　おほせごとにて　ありき　義といふことは　はからうことばなり　行者《ぎょうじゃ》のはからひは　自力なれば　義といふなり　他力は　本願を信楽して　往生《おうじょう》必定《ひつじょう》なるゆへに　さらに　義なしとなり　しかれば　わがみのわるければいかでか如来　むかへたまはむと　おもふべからず　凡夫《ぼんぶ》は　もとより　煩悩《ぼんのう》具足《ぐそく》したるゆへに　わるきものと　おもふべし　また　わがこころよければ往生すべしと　おもふべからず　自力の　御《おん》はからいにては　真実の報土《ほうど》へ　む(生)まるべからざるなり　行者の　おのおのの　自力の信にては　懈慢辺地《けまんへんじ》の往生＊胎生疑城《たいしょうぎじょう》の浄土《じょうど》までぞ　往生せらるることにて　あるべきとぞ　うけたまはりたりし　第十八の本願　成就《じょうじゅ》のゆへに　阿弥陀如来と　ならせたまひて不可思議《ふかしぎ》の利益《りやく》　きわまりましまさぬ御《おん》かたちを　天親菩薩《てんじんぼさつ》は　尽十方無礙光《じんじっぽうむげこう》

如来《にょらい》と　あらわしめたまへり　このゆへに　よきあしき人を　きらはず　煩悩のこころを　えらばず　へだてずして　往生は　かならず　するなりと　しるべしとなり　しかれば　恵心院《えしんいん》の和尚《かしょう》は　往生要集《おうじょうようしゅう》には　本願の念仏を　信楽するありさまを　あらわせるには　行住座臥《ぎょうじゅうざが》を　えらばず　時処諸縁《じしょしょえん》を　きらわずと　おほせられたり　真実の信心を　えたる人は　摂取のひかりに　おさめとられ　まいらせたりと　たしかに　あらわせり　しかれば　無明煩悩《むみょうぼんのう》を具《ぐ》して　安養浄土《あんにょうじょうど》に　往生すれば　かならず　すなわち　無上仏果《むじょうぶっか》に　いたると　釈迦如来　ときたまへり　しかるに　五濁悪世《ごじょくあくせ》のわれら　釈迦一仏のみことを　信受《しんじゅ》せむこと　ありがたかるべしとて　十方恒沙《じっぽうごうじゃ》の諸仏　証人とならせたまふと　善導和尚《ぜんどうかしょう》は　釈《しゃく》したまへり　釈迦　弥陀　十方の諸仏　みなおなじ御《おん》こころにて　本願念仏の衆生《しゅじょう》には　かげの　かたちに　そえるがごとくして　はなれたまはずと　あかせり　しかれば　この信心の人を　釈迦如来は　わがしたしきともなりと　よろこびまします　この信心の人を　真の仏弟子《ぶつでし》といへり　この人を　正念《しょうねん》に　住する人とす　この人は　摂取して

すてたまはざれば　金剛心《こんごうしん》を　えたる人と申なり　この人を　上上人《じょうじょうにん》とも好人《こうにん》とも　妙好人《みょうこうにん》とも　最勝人《さいしょうにん》とも　希有人《けうにん》とも　まふすなり　この人は正定聚《しょうじょうじゅ》のくらゐに　さだまれるなりと　しるべし　しかれば　弥勒仏《みろくぶつ》と　ひとしき人と　のたまへり　これは　真実信心を　えたるゆへに　かならず　真実の報土に　往生するなりと　しるべし　この信心を　うることは　釈迦弥陀十方諸仏の　御方便より　たまはりたると　しるべし　しかれば　諸仏の御《おん》おしえを　そしることなし　余の善根を行《ぎょう》ずる人を　そしることなし　この念仏する人を　にくみそしる人おも　にくみそしること　あるべからず　あわれみをなし　かなしむこころを　もつべしとこそ　聖人は　おほせごと　ありしかあなかしこ　あなかしこ　仏恩《ぶっとん》の　ふかきことは　懈慢辺地に往生し　疑城《ぎじょう》胎宮《たいぐ》に往生するだにも　弥陀の　御《おん》ちかひのなかに　第十九　第二十の願の御《おん》あわれみにてこそ　不可思議のたのしみに　あふことにて候《そうら》へ　仏恩の　ふかきこと　そのきわもなし　いかにいはんや　真実の報土へ　往生して　大涅《だいね》槃《はん》のさとりを　ひらかむこと　仏恩　よくよく　御安《ごあん》ども候《そうろう》べし　これさら

に
性信坊《しょうしんぼう》　親鸞が　はからひ申には　あらず候　ゆめゆめ
建長《けんちょう》七歳乙卯《きのとのう》十月三日
愚禿《ぐとく》親鸞八十三歳書之《これをかく》

【語釈】

根機《こんき》　機根《きこん》とも。宗教的資質を言う。

天竺《てんじく》の論家《ろんげ》　龍樹菩薩および世親菩薩を指す。

浄土《じょうど》の祖師《そし》　曇鸞大師《どんらんだいし》・道綽禅師《どうしゃくぜんじ》・善導大師・源信和尚《げんしんかしょう》・源空上人《げんくうしょうにん》を指す。

余《よ》の仏号《ぶつごう》　阿弥陀仏の名号以外の仏号。

余《よ》の善根《ぜんごん》　阿弥陀仏に関する行である五正行以外の善根。諸善万行。

胎生疑城《たいしょうぎじょう》の浄土《じょうど》　「疑城胎宮」に同じ。本願を疑う行者は浄土の辺地に生まれて七《しっ》宝《ぽう》の宮殿《くでん》に閉じ込められ、五百年間、母胎にあるごとく仏や聖衆《しょうじゅ》を見ることができず経法《きょうぼう》を聞くこともできないと『無量寿経』に説かれている。

（十八）「慈信御坊」

――推定建長七年の消息⑥（十一月九日付）

【現代語訳】

（第十八通）

九月二十七日のご書状、詳しく拝見しました。そうそう、お志《こころざし》の銭五貫文《かんもん》、十一月九日に賜りました。

さて、田舎の人々が年来念仏してきたのは、みな無用であったと、方々で人々が言い交わしているそうですが、まったくもって気の毒な状況と受け止めております。さまざまの書物を書き写してお持ち帰りになったものを、どのようにご覧になったのでしょうか。返すがえす心もとなく存じます。

慈信坊《じしんぼう》が京より下って、自分が聞き習った法義こそが本当であって、日頃の念仏はみな無用であると申すからといって、大部《おおぶ》の中太郎《ちゅうたろう》の所の同行《どうぎょう》など、九十何人とかが、みな慈信坊のもとへと中太郎入道《ちゅうたろうにゅうどう》を捨てて行ってしまったとか。どうしたわけで、そのようなことになるのでしょうか。

結局のところ、信心が定まっていなかったということではないでしょうか。どのようなことで、それほど多くの人が動揺するのか、哀《あわ》れむべきことと受け止めております。

まあ、このような風評の立っているときですから、いい加減な話も多いことでしょう。また親鸞にも、分け隔てがあるとの声も聞きましたので、力を尽くして『唯信鈔《ゆいしんしょう》』『後世物語《ごせものがたり》の聞書《ききがき》』『自力他力《じりきたりき》の事《こと》』『唯信鈔の文意《もんい》』など、また「二《に》河《が》の譬喩《ひゆ》」なども書き写して、人々のもとへ、それぞれに送りましたのに、それもみな徒労《とろう》に帰《き》したと考えざるを得ないとは、どのように、お勧めになったのでしょうか。不可思議《ふかしぎ》としか受け取りようがなくて、困惑しております。よくよく受け止めて下さいますように。あなかしこ　あなかしこ

十一月九日　　　　　　　　　　　　　　親鸞

慈信坊殿

真仏坊《しんぶつぼう》、性信坊《しょうしんぼう》、入信坊《にゅうしんぼう》、そこの人々のこと、承《うけたまわ》りました。まことに残念に思いますが、わたくしの力の及ばぬことです。また他の所の人々も、同じ心でないとしても、力及ばぬことです。現に人々が同じ心でないわけでありますから、とやかく申してみても仕方がない。今は、人のことまで言える状況ではないのであります。よくよく心得て下さいませ。

慈信坊殿　　　　　　　　　　　　　　親鸞

【解　説】

慈信房からの書状への返信です。聖人が慈信房の異義について明らかに認識して後、慈信房にあてた最初の消息です。ただし終わりの部分で、どのように勧めたのか、理解不能であるとの旨を述べていらっしゃることから、この段階では、異義の詳細については把握していらっしゃらないようです。この消息からわかることは、自分が聖人から直々《じきじき》に聞いた教えのみが正しい教えであり、日頃念仏することには意味がないなどという、浅はかで聖人のお心に背く主張であったということです。念仏往生という、法然上人から受け継いだ伝統を、まったく無視した暴論でした。この消息は、慈信房宛ですが、広く門弟をいさめた内容ともなっていますので、公開することを前提として書かれたもののようです。

追伸には、真仏、性信、入信という、有力な門弟の名が見えます。慈信房は、これらの指導者とその門下に特に問題があると聖人に報告したのでしょう。しかし聖人は、もはや意に介していらっしゃいません。ひとごとではなく、問題の所在はあなたにこそあるのですよと、慈信を見すえて述べていらっしゃいます。

【原　文】

九月二十七日の　御《おん》ふみ　くはしく　みさふらひぬ　さては　御《おん》こころざしの銭　伍貫文《ごかんもん》　十一月九日に　たまはりて　さふらふ　さては　ゐなかの　ひとびと　みな　としごろ念仏せしは　いたづら　ごとにて　ありけりとて　かたがた　ひとびと　やうやうに　まふすなることこそ　かへすがへす　不便《ふびん》のことに　きこえさふらへ　やうやうの　ふみどもを　かきて　もてるを　いかにみなして　さふらふやらん　かへすがへす　おぼつかなく　さふらふ　慈信坊《じしんぼう》の　くだりて　わがききたる法文《ほうもん》こそ　まことにてはあれ　ひごろの念仏はみな　いたづらごとなりと　さふらへばとて　おほぶの　中太郎《ちゅうたろう》のかたのひとは　九十なん人とかや　みな　慈信坊のかたへとて　中太郎入道《ちゅうたろうにゅうどう》を　すてたるとかや　ききさふらふ　いかなる　やうにて　さやうには　さふらふぞ詮《せん》ずるところ　信心の　さだまらざりけると　ききさふらふ　いかやうなるこ

とにて　さほどに　おほくのひとびとの　たぢろき　さふらふらん　不便のやうと　ききさふらふ　また　かやうの　きこえなんど　さふらへば　そらごとも　おほく　さふらふべし　また親鸞も　偏頗《へんぱ》あるものと　ききさふらへばちからをつくして　唯信鈔《ゆいしんしょう》　後世物語《ごせものがたり》　自力他力《じりきたりき》の　*文《もん》のこころども　*二河《にが》の譬喩《ひゆ》なんど　かきて　かたがたへ　ひとびとに　くだして　さふらふも　みな　そらごとになりて　さふらふと　きこえさふらふは　いかやうに　すすめられたるやらん　不可思議《ふかしぎ》のことと　ききさふらふこそ　不便に　さふらへよくよく　きかせたまふべし　あなかしこ　あなかしこ

十一月九日　　親鸞

慈信御坊《じしんのおんぼう》

真仏坊《しんぶつぼう》　性信坊《しょうしんぼう》　入信坊《にゅうしんぼう》　このひとびとのこと　うけたまはり　さふらふかへすがへす　なげきおぼえ　さふらへども　ちからおよばず　さふらふまた　余《よ》のひとびとの　おなじこころならず　さふらふらんも　ちからおよ

ばず　さふらふ　ひとびとの　おなじこころならず　さふらへば　とかくま
ふすに　およばず　いまは　ひとのうへも　まふすべきにあらず　さふらふ
よくよく　こころえたまふべし

親鸞

慈信御坊《じしんのおんぼう》

【語釈】

文《もん》のこころ　「文」は底本には「ふみ」と仮名が振られているが、「文のこころ」を「文意《もんい》」と捉えて「もん」と仮名を振った。ここの部分は難解だが、「唯信鈔後世物語　自力他力　唯信鈔の文の意」がつづまったものと考えれば理解できるように思われる。

二河《にが》の譬喩《ひゆ》　「二河白道《にがびゃくどう》」の文。善導大師が『観経疏』の散善義で示された水火二河《すいかにが》の譬え。

（十九）「真仏御房へ」

――建長七年の消息（十二月十五日付）

【現代語訳】

（第十九通）

滞在中の円仏房《えんぶつぼう》が京よりお帰りになります。仏法への志《こころざし》が深くていらっしゃるあまり、土地の主などにも無断で上京されたとの由《よし》、丁重《ていちょう》にとりなしてあげて下さいますよう望みます。この十日の夜、火災に遭いました。円仏房殿は、何度も何度も尋ねて下さいました。そのお志が有難く、身に沁みました。きっと一部始終を、ご報告なさることでしょう。宜《よろ》しく耳を傾けて下さるようにと存じます。

なにぶんなにぶん、忙しさに紛《まぎ》れて、詳しく申せぬ次第です。あなかしこ　あなかしこ

十二月十五日　［花押］

真仏房《しんぶつぼう》殿へ

【解　説】

真仏房にあてた年号のない非常に短い消息です。真蹟のみが伝わり、消息集にはありません。十二月十日にお住まいが火災に遭ったとあります。『恵信尼消息《えしんにしょうそく》』にも、火災を原因とする文書類の消失についての記述があり、両者を照合すると、建長七年十二月十五日の消息であることが知られます。それにしても、火災の後始末で、よほど取り込んでいらっしゃったのでしょう、用件のみを短く伝えた、伝言のような趣《おもむき》の消息となっています。

【原文】

このゐん仏ばう　くだられ候《そうろう》　こころざしの　ふかく候ゆへに　ぬしなどに
も　しられ申さずして　のぼられて候ぞ　こころにいれて　ぬしなどにも　お
ほせられ候べく候　この十日のよ　せうまうに（焼亡）　あふて候　この御《おん》ばう　よく
よく　たずね候《そうらい》て候なり　こころざし　ありがたきやうに候ぞ　さだめて
このやうは　申され候《そうら》はんずらん　よくよく　きかせ給《たまう》べく候　なにごとも
なにごとも　いそがしさに　くはしう申さず候　あなかしこ　あなかしこ

十二月十五日　［花押］

真仏御房《しんぶつのおんぼう》へ

（二十）「真浄御坊」

——推定建長八年の消息①（一月九日付）

【現代語訳】

（第二十通）

相変わらず、お念仏をとりまく事柄で、窮屈な思いをしていらっしゃるように承っております。まことにもって、いたわしいことであります。結局のところ、その土地での縁が尽きたということでありましょう。念仏が妨害されるというようなことも、何ら嘆かずともよいと存じます。念仏をとどめようとする人こそ、どんな結果ともなることでしょう。申している人の方に、何の不都合がありましょう。外部の人々を縁として念仏を広めようなどと画策することこそ、あってはならぬことです。ある地域に念仏の広まることも、世をご覧あそばす如来の御《おん》はからいなのです。慈信坊《じしんぼう》がいろいろに申しましたことで、人々も、お心がいろいろに変わってしまわれた由《よし》、承っております。返すがえす、痛ましいことです。ともかくも、如来のみ手におまかせ申して下さい。その地の縁が尽きてしまった折には、どこへでも、別の場所へ移られることをご検討下さい。慈信坊の申すことを、真《ま》に受けていらっしゃるようですが、こちらからは、外部の人を強力な縁として取り込んで念仏を広めよなどとは、決して申したことはありません。まったく、ありえぬことです。世の常として、念仏が広まるのを妨害しようする者があることは、かねて仏《ぶつ》の説いていて下さることでありますから、別におどろくべきことではありません。いろいろに慈信坊が申すことを、こちらから申しているようにお考えになることは、決してあってはなりません。法義の内容も、違ったふうに作り変えて申しております。お耳に聞き入れられてはなりません。あきれるようなことども、伝わってまいります。言いようもなく存じます。入信坊《にゅうしんぼう》のことも、気の毒に思います。いまだ鎌倉に足止めされているとか。不憫《ふびん》に存じます。これも、今煩《わずら》うべくして、かくも難儀《なんぎ》するのでありましょう。力の及ばぬことです。

奥郡《おうぐん》の人々が、慈信坊にそそのかされて、みな信心が揺らいだことは、ほんとうに残念で悲しく思います。それも、人々をだましたかのように伝わってまいりますこと、ほんとうに言いようもなく存じます。これも、平素より、人々の信が定まっていなかったことが、はっきりしたとも受け取れます。返すがえす、気の毒なことと存じます。慈信坊が申したことにより、人々の日頃の信が揺らいだことも、要するに、信心が本物でなかったことの現れです。よいことではありませんか。それを人々は、こちらの指示であるかのようにお考えであったとは、それこそあきれたことと存じます。常々、さまざまの書物を書き写してお持ちになった、その甲斐《かい》もなかったと思われます。『唯信鈔《ゆいしんしょう》』も、他のさまざまの書物も、結局無用であったと思われます。念入りに書き写してお持ち帰りになった、ご法義のものが、みな無用になってしまいました。みな慈信坊に従って、申し分のない書物の方は、捨てておしまいになったと考えざるを得ないとは、やるせなく、情けなく思います。よくよく『唯信鈔』『後世物語《ごせものがたり》の聞書《ききがき》』等の書物を、ご覧下さるよう望みます。年来「信あり」と仰《おお》せであった人々の言葉は、みな偽《いつわ》りであったと判明しました。あきれたことです。あきれたことです。万事、またの機会に申したく存じます。

正月九日　　　　親鸞

真浄坊《しんじょうぼう》殿

【解　説】

慈信房の主張の詳細が、聖人にも次第に明らかになってきました。専修念仏《せんじゅねんぶつ》の伝統を否定し、平生《へいぜい》の念仏を無用と断ずる異義については、すでにご存じでしたが、教義以外のことでも、たいへんな心得ちがいをしていることが判明しました。権力者を取り込んで強力な後ろ盾として教えを広めようというのです。しかもそれが、あたかも聖人の指示であるかのように、受け取られているというのです。

また鎌倉での訴訟の問題も、一旦収まっていたのが、慈信房の異義による同朋全体の混乱の影響もあって再燃し、土地の支配者からの弾圧も、各地で強まっていることが窺えます。入信坊が、不憫にも鎌倉に長くとどめ置かれているとの記述があります。この入信坊は、慈信房が聖人に関東の状況を伝えたときに、問題のある指導者として報告した人物と考えられます。

まさに誰を信用したらよいのかわからない、否《いな》、誰も信用できないという、危機的な状況です。都の聖人にとっても、やるせなく、悲しい現実でした。しかしそのようななかにあっても、「信心がまだ定まっていないのに、すでに定まったと誤解して極楽に往生し損なうよりは、その点がはっきりしたのだから、よかったではないか」（意）と、毅然《きぜん》と教えの立場から感想を述べていらっしゃいます。あくまでもご法義に基づいて物事を判断し、同朋を導こうとしていらっしゃるのが印象的です。

【原　文】

さては　念仏のあひだの　ことによりて　ところせきやうに*　うけたまはり

さふらふ　かへすがへす　こころぐるしく　さふらふ　詮《せん》ずるところ　そのところの縁ぞ　つきさせたまひ　さふらふらん　念仏を　さ（障）へらるなんど　まふさんことに　ともかくも　なげき　おぼしめすべからず　さふらふ　念仏とどめんひとこそ　いかにも　なりさふらはめ　まふしたまふひとは　なにか　くるしく　さふらふべき　*余《よ》のひとびとを　縁として　念仏をひろめんと　はからひあはせたまふこと　ゆめゆめ　あるべからず　さふらふ　そのところに念仏の　ひろまりさふらはんことも　*仏天《ぶってん》の　御《おん》はからひにて　さふらふべし慈信坊《じしんぼう》が　やうやうに　まふしさふらふなるによりて　ひとびとも　御《おん》こころどもの　やうやうに　ならせたまひ　さふらふよし　うけたまはり　さふらふかへすがへす　不便《ふびん》のことに　さふらふ　ともかくも　仏天の　御《おん》はからひにまかせまいらせさせたまふべし　そのところの縁　つきておはしましさふらはば　いづれのところにても　うつらせたまひさふらふて　おはしますやうに御《おん》はからひ　さふらふべし　慈信坊が　まふしさふらふことを　たのみおぼしめして　これよりは　余の人を強縁《ごうえん》として　念仏ひろめよと　まふすこと　ゆ

めゆめ　まふしたること　さふらはず　きはまれる　ひがことにて　さふらふ　この世のならひにて　念仏を　さまたげんことは　かねて仏《ぶつ》の　ときをかせたまひて　さふらへば　おどろき　おぼしめすべからず　やうやうに　慈信坊がまふすことを　これより　まふしさふらふと　御《おん》こころえ　さふらふ　ゆめゆめ　あるべからず　さふらふ　法門のやうも　あらぬさまに　まふしなしてさふらふなり　御耳《おんみみ》に　ききいれらるべからず　さふらふ　きはまれる　ひがことどもの　きこえさふらふ　あさましく　さふらふ　入信坊《にゅうしんぼう》なんども　不便に　おぼえさふらふ　鎌倉に　ながゐして　さふらふらん　不便に　さふらふ　当時　それも　わづらふべくてぞ　さても　さふらふらん　ちからおよばず　さふらふ　奥郡《おうぐん》のひとびとの　慈信坊に　すかされて　信心　みなうかれあふて　おはしまし　さふらふなること　かへすがへす　あはれに　かなしふおぼえさふらふ　これも　ひとびとを　すかし　まふしたるやうに　きこえさふらふこと　かへすがへす　あさましく　おぼえさふらふ　それも　日ごろひとびとの信の　さだまらずさふらひけることの　あらはれて　きこえさふら

ふ　かへすがへす　不便に　さふらひけり　慈信坊が　まふすことによりて　ひとびとの　日ごろの信の　たぢろきあふて　おはしまし　さふらふも　詮ずるところは　ひとびとの信心の　まことならぬことの　あらはれて　さふらふ　よきことにて　さふらふ　それを　ひとびとは　これより　まふしたるやうに　おぼしめしあふて　さふらふこそ　あさましく　さふらへ　日ごろ　やうやうの　御《おん》ふみどもを　かきもちて　おはしましあふて　さふらふ甲斐《かい》もなく　おぼえさふらふ　唯信鈔《ゆいしんしょう》　やうやうの　御《おん》ふみどもは　いまは　詮なくなりてさふらふと　おぼえさふらふ　よくよく　かきもたせたまひてさふらふ　法門は　みな　詮なくなりて　さふらふなり　慈信坊に　みなしたがひて　めでたき　御《おん》ふみどもは　すてさせたまひあふて　さふらふと　きこえさふらふこそ詮なく　あはれに　おぼえさふらへ　よくよく　唯信鈔　後世物語《ごせものがたり》なんどを御覧あるべく　さふらふ　年ごろ　信ありと　おほせられあふて　さふらひけるひとびとは　みな　そらごとにて　さふらひけりと　きこえさふらふ　あさましくさふらふ　あさましくさふらふ　なにごとも　なにごとも　またまた

まふし　さふらふべし

正月九日

真浄御坊《しんじょうのおんぼう》

親鸞

【語　釈】

ところせき　所狭き。窮屈な。厄介な。

余《よ》のひとびと　外部の人々。ここでは特に権力者や土地の有力者を指すと考えられる。

仏天《ぶってん》　仏の称号の一つ。

（二十一）「慶西御坊　御返事」

——推定建長八年の消息②（二月九日付）

【現代語訳】

（第二十一通）

「諸仏称名《しょぶつしょうみょう》の願」と申し、「諸仏咨嗟《しょぶつししゃ》の願」とも申し上げるこの願（第十七願）は、十方のあらゆる世界の衆生《しゅじょう》をいざない勧めるためと受け取れます。また衆生の疑いの心をとどめるための願とも受け取れます。『阿弥陀経《あみだきょう》』の「十方諸仏の証誠《しょうじょう》」に相当すると窺えます。要するに、救いの手だてをお誓いになったものと信じ申すところです。

念仏往生の願（第十八願）は、如来の往相廻向《おうそうえこう》の正業《しょうごう》（称名）・正因《しょういん》（信心）

が誓われていると拝察します。まことの信心のある人は、さとりを目前にした等《とう》正覚《しょうがく》の弥勒菩薩《みろくぼさつ》とひとしいので、「如来とひとしい」とも、諸仏がおほめ下さると承《うけたまわ》っています。また「阿弥陀仏の本願を信じた上は、義なきを義とす」と、大師聖人（源空）の仰《おお》せでありました。この件のように、義がおありのうちは、他力とは言えず、自力と判断できます。

また「他力」と申しますのは、仏智《ぶっち》の不思議のはたらきを意味しますから、煩《ぼん》悩《のう》を抱《かか》えた凡夫《ぼんぶ》が無上覚《むじょうかく》という最高のさとりをうることは、ひとえに仏《ぶつ》と仏との御《おん》はからいであり、まったく「行者《ぎょうじゃ》のはからい」の余地はないのです。ですから「義なきを義とす」とおっしゃるのです。「義」というのは、自力の人のはからいを申します。他力には、はからいの余地はないゆえに、「義なきを義とす」とおっしゃるのです。

この、人々の仰せですが、こちらの一向に存ぜぬ内容なので、何とも申し上げかねます。また「来」の字義ですが、衆生を利益《りやく》するために「来たる」という、手だてを意味します。さとりを開いて還《かえ》ってくるという、その時々で「来たる」

とも「還る」とも申すものと拝察します。何ごとも、何ごとも、また追って申し上げたく存じます。

二月九日　　　　親鸞

慶西坊《きょうさいぼう》殿へ御返事

【解　説】

御消息を年代順に拝読してゆきますと、特定のお言葉が、ある時期にかたまって出てくることに気がつきます。たとえば、年号の明記されているものでは、建長七年、聖人八十三歳のときの消息に初めて出てくる「義なきを義とす」というお言葉は、正嘉《しょうか》二年、聖人八十六歳のときの自然法爾《じねんほうに》の法語に至るまでの期間に見られ、推定のものを含めると、建長八年の消息に集中して見られます。そのお心を窺いますに、関東の同朋のなかに、さまざまの混乱が生じている根源は、本願の不可思議のはたらきに、凡夫のさかしらなはからいを交えることにあると見ていらっしゃったのだと拝察します。そのはからいを誡めるときに、法然上人の「義なきを義とす」というお言葉をもって当たられたということです。本消息も、その頃の執筆と考えられます。年号を確定できるような記事は見えませんが、「この　ひとびとの　おほせのやうは　これには　つやつやと　しらぬことにて　さふらへば　とかく　まふすべきにあらず　さふらふ（この、人々の仰せですが、こちらの一向に存ぜぬ内容でありますので、何とも申し上げかねます）」という、もはや突き放したかの感すらあるお言葉からは、同朋のなかの混乱が、頂点に達しつつある様子が窺えますので、おそらく建長八年二月の執筆ではないかと推測します。

【原　文】

*諸仏称名《しょぶつしょうみょう》の願《がん》とまふし　*諸仏咨嗟《しょぶつししゃ》の願《がん》とまふし　さふらふなるは　十方衆《じっぽうしゅ》
生《じょう》を　すすめんためと　きこえたり　また　十方衆生の疑心を　とどめん料《りょう》
と　きこえて　さふらふ　弥陀経《みだきょう》の　十方諸仏の　証誠《しょうじょう》のやうにて　きこえ
たり　詮《せん》ずるところは　方便の御誓願と　信じまいらせ　さふらふ　*念仏往《ねんぶつおう》
生《じょう》の願《がん》は　如来の*往相廻向《おうそうえこう》の　正業正因《しょうごうしょういん》なりと　みえて　さふらふ　まこ

との信心　あるひとは　*等正覚《とうしょうがく》の弥勒《みろく》と　ひとしければ　如来とひとしとも諸仏の　ほめさせたまひたりとこそ　きこえて　さふらへ　また弥陀の本願を信じさふらひぬるうへには　義なきを義とすとこそ　大師聖人の　おほせにてさふらへ　かやうに　義のさふらふらんかぎりは　他力にはあらず　自力なりと　きこえて　さふらふ　また　他力とまふすは　仏智不思議《ぶっちふしぎ》にて　さふらふなるときに　煩悩具足《ぼんのうぐそく》の凡夫《ぼんぶ》の　無上覚《むじょうかく》のさとりを　えさふらふなることをば　仏《ぶつ》と仏のみ　御《おん》はからひなり　さらに　行者《ぎょうじゃ》のはからひにあらず　さふらふ　しかれば　義なきを義とすと　さふらふなり　義とまふすことは　自力のひとのはからひを　まふすなり　他力には　しかれば　義なきを義とすとさふらふなり　この　ひとびとの　おほせのやうは　これには　つやつやとしらぬことにて　さふらへば　とかく　まふすべきにあらず　さふらふ　また来の字は　衆生利益《しゅじょうりやく》のためには　きたるとまふす　方便なり　さとりをひらきては　かへるとまふす　ときにしたがひて　きたるとも　かへるとも　まふすと　みえてさふらふ　なにごとも　なにごとも　またまた　まふすべく　さ

ふらふ

二月九日

慶西御坊《きょうさいのおんぼう》　御返事

親鸞

【語　釈】

諸仏称名の願《しょぶつしょうみょうのがん》　第十七願を指す。「称名」は、名をほめたたえるの意。

諸仏咨嗟の願《しょぶつししゃのがん》　同じく第十七願を指す。「咨嗟」は、ため息をついて嘆くこと。転じてほめたたえるの意。

念仏往生の願《ねんぶつおうじょうのがん》　第十八願を指す。「念仏往生」という言葉は、善導大師に基づくが、本願を「念仏往生の願」と名づけたのは法然上人である。

往相廻向《おうそうえこう》　「往相」は往生浄土の相。「廻向」ははたらき。阿弥陀仏が衆生を浄土へ往生せしめさとらしめるはたらきを言う。

等正覚《とうしょうがく》　通常は仏のさとりを指すが、ここでは菩薩の最高位の称。正覚に等しい位の意。「等覚《とうがく》」とも「一生補処《いっしょうふしょ》」とも呼ぶ。

（二十二）浄信への返信

——推定建長八年の消息③（日付なし）

【現代語訳】

（第二十二通）

〔浄信の書簡〕

無礙《むげ》光如来《こうにょらい》の慈悲《じひ》、光明に摂取《せっしゅ》せられましたことで、名号《みょうごう》をとなえつつ不退《ふたい》の位に入り定まりました上は、自分のためには、摂取不捨《せっしゅふしゃ》を改めて尋ねる必要はなくなったと思われます。加えて、『華厳経《けごんぎょう》』に、「この法を聞いて、信心をえたことを歓喜《かんぎ》して疑いなき者は、速《すみ》やかに、この上なきさとりを成就《じょうじゅ》するであろう。もろもろの如来と等しい」と仰《おお》せられています。また第十七願に、「十方の量《はか》り知れない数の諸仏に、ほめとなえられるであろう」と仰せられています。また願成就《がんじょうじゅ》の文《もん》には、「十方の恒河《ごうが》の砂の数ほどましまます諸仏」と仰せられていますが、信心の人のことと心得ます。この人は、現世より、如来とひとしいと認識しております。この他には、凡夫《ぼんぶ》のはからいを用いずにおるものです。かような理解でありますが、細《こま》かに仰せを蒙《こうむ》りたく存じます。恐々謹言《きょうきょうきんげん》

二月十二日

浄信《じょうしん》

〔聖人の返信〕

如来の誓願を信ずる心の定まるときと申しますのは、摂取の光明におさめ取られて、もはや捨てられることなき身となるゆえに、不退の位に定まるのだとお心得下さい。真実信心が定まると申しますのも、金剛《こんごう》のごとき信心が定まると申しますのも、摂取不捨という利益《りやく》のゆえに申すのです。さればこそ、無上覚《むじょうかく》と言われる仏《ぶつ》のさとりにまで必ず至るべしとの心が起こると申すのです。これを不退の位とも、正定聚《しょうじょうじゅ》の位に入るとも申し、等正覚《とうしょうがく》に至るとも申すのです。この

心が定まったことを、十方の諸仏がたがお喜びになって、諸仏の心にひとしいとおほめ下さるのです。それゆえに、まことの信心をえた人のことを「諸仏とひとしい」と申すのです。また「補処《ふしょ》の弥勒《みろく》と同じ」とも申します。現世において、真実信心をえた人をお護《まも》り下さればこそ、『阿弥陀経《あみだきょう》』には、「十方の恒河の砂の数ほどましまします諸仏が護念《ごねん》する」と述べられています。安楽浄土《あんらくじょうど》へ往生して後はお護り下さるということではありません。娑婆世界《しゃばせかい》にいるあいだは護念するぞということです。信心がまことである人の心を、十方の恒河の砂の数ほどましますす如来がおほめ下さるゆえに、「仏とひとしい」と申すことです。

また「他力」ということは、「義なきを義とす」と申します。「義」というのは、行者《ぎょうじゃ》の、それぞれにはからうことを「義」と申すのです。如来の誓願は、人間の思慮の及ばない不可思議《ふかしぎ》の領域であって、仏と仏との御《おん》はからいの世界です。凡夫のはからいの余地はありません。補処の弥勒菩薩をはじめとして、仏智《ぶっち》の不思議に、はからいを加えるべき人はおりません。ですから「如来の誓願には、義なきを義とす」と大師聖人（源空）の仰せでありました。この心の他には、往生に必要なことはないと心得て過ごしてまいりましたので、あれこれ人が言うことに関しては、立ち入らぬが宜《よろ》しいかと存じます。

諸事恐々謹言

親鸞［花押］

【解説】

自身の領解《りょうげ》の可否を問うお弟子（浄信）からの質問状とともに伝えられている聖人の返信です。真蹟が現存します。後半部分では、第二十一通と同様に「義なきを義とす」というお言葉を出して、凡夫のはからいを誡めていらっしゃいます。また深く憂慮され、お心を砕かれた上のことですが、「人の仰《おおせ》ごとには　いらぬものにて候也（あれこれ人が言うことに関しては、立ち入らぬが宜しいかと存じます）」というふうに、誰を信用したらよいのかわからないということなら、人の言うことを気にしなければよいと、ここでも突き放したような表現をとっていらっしゃいます。よって、第二十通と同様に、関東の同朋が昏迷《こんめい》の極みにあった建長八年前半の消息と推定します。

ところで、消息の前半部分に見える「諸仏とひとし」というお言葉は、第二十一通では、「如来とひとし」とありました。この「如来とひとし」というお言葉も、この時期の消息によく出てくるお言葉です。浄信は書簡において、「如来とひとし」というお言葉の出所で本典信巻に引用される『華厳経』の文を出して、自らの領解として味わっています。学問的な素養の高さがかいまみえます。「如来とひとし」という言葉自体は、すでに『浄土和讃《じょうどわさん》』にありましたが、年号の明記されている消息では、正嘉元年十月十日付、聖人八十五歳のときの消息に初めて見え、その前年の建長八年（康元元年）から御消息に出されるようになったと推察します。

【原　文】

〔浄信の書簡〕

無礙光如来《むげこうにょらい》の慈悲《じひ》　光明に摂取《せっしゅ》せられまいらせ候《そうろう》ゆへ　名号《みょうごう》をとなへつつ不《ふ》退《たい》のくらゐに　いりさだまり候《そうらい》なむには　このみのためにに　摂取不捨《せっしゅふしゃ》を　はじめてたづぬべきには　あらずと　おぼへられて候　そのうへ　華厳経《けごんぎょう》に

聞此法歓喜《もんしほうかんぎ》　信心無疑者《しんじんむぎしゃ》　速成無上道《そくじょうむじょうどう》　与諸如来等《よしょにょらいとう》と　おほせられて候　また第十七の願に　十方無量の諸仏に　ほめとなえられむと　おほせられて候　また願成就《がんじょうじゅ》の文《もん》に　十方恒沙《じっぽうごうじゃ》の諸仏とおほせられて候は　信心の人とこころえて候　この人は　すなわち　このよ《(世)》より如来とひとしとおぼへられ候　このほかは　凡夫《ぼんぶ》のはからひおばもちゐず候なり　このやうを　こまかにおほせかぶり給《たまう》べく候　恐々謹言《きょうきょうきんげん》

二月十二日　　浄信《じょうしん》

〔聖人の返信〕

如来の誓願を　信ずる心の　さだまる時と申《もうす》は　摂取不捨《せっしゅふしゃ》の利益《りやく》に　あづかるゆへに　*不退《ふたい》の位《くらい》にさだまると　御《おん》こころえ　候べし　真実信心の　さだまると申も　金剛信心《こんごうしんじん》の　さだまると申も　摂取不捨のゆへに申なり　さればこそ無上覚《むじょうかく》にいたるべき心の　おこると申なり　これを　不退のくらゐとも　正《しょう》定聚《じょうじゅ》のくらゐにい《(入)》るとも申《もうし》　等正覚《とうしょうがく》に　いたるとも申也《もうすなり》　このこころの

さだまるを　十方諸仏のよろこびて　諸仏の御《おん》こころにひとしと　ほめたまふなり　このゆへに　まことの信心の人をば　諸仏とひとしと申なり　又　*補処《ふしょ》の弥勒《みろく》と　おなじとも申也　このよにて　真実信心の人を　まぼ《（護）》らせ給へばこそ　阿弥陀経《あみだきょう》には　十方恒沙の諸仏　護念《ごねん》すとは申事にて候《そうら》へ　安楽浄土《あんらくじょうど》へ往生してのちは　まもりたまふと申ことにては候はず　*娑婆世界《しゃばせかい》にゐたるほど護念すと申事也　信心まことなる人のこころを　十方恒沙の如来の　ほめたまへば　仏《ぶつ》とひとしとは申事也　又　他力と申ことは　義なきを義とすと申なり義と申ことは　行者《ぎょうじゃ》の　おのおのの　はからふ事を　義とは申也　如来の誓願は　不可思議《ふかしぎ》に　ましますゆへに　仏と仏との　御《おん》はからいなり　凡夫のはからいにあらず　補処の弥勒菩薩を　はじめとして　仏智《ぶっち》の不思議を　はからうべき人は　候はず　しかれば　如来の誓願には　義なきを義とすとは　大師聖人の仰《おおせ》に候《そうらい》き　このこころのほかには　往生にいる《（要）》べきこと　候はずとこころえて　まかりすぎ候へば　人の仰ごとには　いらぬものにて候也《そうろうなり》

諸事恐々謹言　　*親鸞［花押］

【語　釈】

不退《ふたい》の位《くらい》　不退は「不退転《ふたいてん》」の略。「阿毘《あび》跋致《ばっち》」とも「阿惟越致《あゆいおっち》」とも言う。菩薩はこの境地に至ると仏のさとりをうることが定まり、再び退転することがないと言われる。ここでは信心の人のうる現《げん》生《しょう》の利益として述べている。

補処《ふしょ》の弥勒《みろく》　補処は「一生補処」の略。「一生補処」とは、弥勒が兜率天《とそつてん》における一生を過ぎると人界《にんがい》に生まれて仏処《ぶっしょ》を補うという説による。

娑婆世界《しゃばせかい》に　底本には「に」の字はないが、異本によって補った。

親鸞［花押］　この署名および花押《かおう》は従来別筆とも言われ、一見そのように見えるが、影印版《えいいんばん》で確認すると、十月六日付しのぶの御房《おんぼう》宛の真蹟の署名と筆跡の特徴が一致し、聖人の真筆と判断できる。最後の行の「諸事恐々謹言」という言葉の左には余白がなく、日付も宛名もやむなく省略されたが、署名がないのはさすがに不都合と考えられて、狭いスペースに、小さめに署名と花押を書き足されたのであろうか。花押の形が少し潰《つぶ》れているのも、そのせいかと思われる。最後の行の上には余裕があり、最初から署名をするつもりなら、もう少し上の方に「諸事恐々謹言」の言葉を記されたことであろう。

（二十三）「教名（教養）御房」

――推定建長八年の消息④（五月五日付）

【現代語訳】

（第二十三通）

ご書信、詳しく承《うけたまわ》りました。しかしながらこのご不審、納得しがたく存じます。と申しますのも、誓願の不思議と申しても、名号《みょうごう》の不思議と申しても、その心に変わりはありません。誓願を離れた名号というものはなく、名号を離れた誓願もないと存じます。このように申すこと自体、はからいであります。ただ誓願を、不思議のことと信じ、また名号を、不思議と、ひとたび信じてとなえはじめたならば、わたくしのはからいの余地が、どこにありましょうか。聞き分けるとか、知り分けるとか、わずらわしいことを言っておいでのようですが、みなまちがいであります。ただ不思議と、信じたからには、あれこれとはからうことがあってはなりません。往生の業《ごう》には、わたくしのはからいを交えるべきではないのです。あなかしこ　あなかしこ

ただ如来におまかせ申す身となられますよう念じます。あなかしこ　あなかしこ

五月五日　　親鸞

教養房《きょうようぼう》殿

この書簡を、人々にもお見せ申して下さい。他力には、義なきを義とすと申すことです。

【解　説】

お弟子からの質問に答えられた返信です。原本には「誓願名号同一の事」という、後

に付け加えられた標題があります。慈信房の異義によって混乱の極みにあった関東の同朋のなかに、もう一つの異義が発生していました。誓願の不思議と名号の不思議とは別のことであり、それを聞き分けなければならないという主張です。この異義は、聖人のご往生の後にも再発したようで、『歎異抄《たんにしょう》』には、その異義について批判した内容が載っています（第十一章）。年号は不詳ですが、次に取り上げる第二十四通と同じ語調となっていて、受ける印象も同じであり、同日にしたためられたと考えられます。そちらに、「ただ　ひとびとの　とかくまふし候はんことをば　御不審　あるべからず候（人々が、あれこれと主張ばかりしていることに、いちいちご不審を懐かれずともよいのです）」との記述があることから、建長八年の執筆と推測します。

なお原文の底本となっている『末燈鈔《まっとうしょう》』には、宛名が「教名《きょうみょう》」とありますが、『門侶交名牒』には、この名はありません。高田派に伝わる古写消息には「けうやう」とあり、『門侶交名牒』に名前の出る稲田九郎頼重《いなだくろうよりしげ》の法名《ほうみょう》が「教養」と伝えられていることから、こちらが本来と考えて、現代語訳の方は「教養」としました。稲田九郎頼重は、自らが統治していた稲田に、聖人を招いた人物と伝えられています。

【原　文】

御《おん》ふみ　くはしく　うけたまはり候《そうらい》ぬ　さては　この御不審　しかるべしとも　おぼえず候《そうろう》　そのゆへは　誓願　名号《みょうごう》とまふして　かはりたること候《そうら》はず　誓願を　はなれたる名号も　候はず　名号を　はなれたる誓願も　候はず候　かく　まふしさふらふも　はからひにて候なり　ただ誓願を　不思議と信じ　また名号を　不思議と　一念《いちねん》信じ　となへつるうへは　何条《なんじょう》　わがはからひを　いたすべき　ききわけ　しりわくるなど　わづらはしくは　おほせられ　さふらふやらん　これみな　ひがことにて候なり　ただ不思議と　信じつるうへは　とかく御《おん》はからひ　あるべからず候　*往生《おうじょう》の業《ごう》には　わたくしのはからひは　あるまじく候なり　あなかしこ　あなかしこ

ただ如来に　まかせまいらせおはしますべく　さふらふ　あなかしこ　あなかしこ

五月五日　　　　　　　　　　　　　　　　　親鸞

教名御房《きょうみょうのおんぼう》

〔端書云《はしがきにいわく》〕

このふみをもて　ひとびとにも　みせまいらせさせたまふべく候　他力には

義なきを義とすとは　まふし候なり

【語　釈】

往生《おうじょう》の業《ごう》　『選択集』には「往生の業は念仏を本《ほん》とす」とある。

（二十四）「浄信御房へ」

――推定建長八年の消息⑤（五月五日付）

【現代語訳】

（第二十四通）

ご書信、詳しく承《うけたまわ》りました。さて、ご法義のご質問に、「一念発起《いちねんぽっき》のとき、無礙《むげ》の心光《しんこう》におさめ取られ護《まも》られるゆえに、平生《へいぜい》に浄土の業因《ごういん》が決定《けつじょう》する」とあります。内容は、申し分ありません。このように申し分のない内容ではありますが、その実、わたくしのはからいになってしまっていると感じます。ただ不思議のはたらきと信じられましたならば、わずらわしいはからいはあるべくもないと存じます。

また、どなたかがおっしゃったという「出世間《しゅっせけん》の心は強いが、浄土の業因が少ない」との仰《おお》せは、心得がたく存じます。出世間の心と言っても、浄土の業因と言っても、別々のものではありません。すべてこれらは、なまじっかなはからいと存じます。仏智《ぶっち》の不思議と、信じられましたならば、別にわずらわしく、あれこれとはからうことは、あるべくもないのです。人々が、あれこれと主張ばかりしていることに、いちいちご不審を懐《いだ》かれずともよいのです。ただ如来の誓願に、おまかせ申されますよう念じます。あれこれとはからうことは、あるべくもないのであります。あなかしこ　あなかしこ

五月五日　　親鸞［御判］

浄信房《じょうしんぼう》殿へ

他力と申しますのは、あれこれとはからうことなき旨《むね》を申すのです。

【解　説】

第二十二通と同じく、浄信房の質問に答えた返信です。原本には「仏智不思議と信ず

べき事」という付加された標題があります。聖人のお言葉にもあるように、質問の内容そのものは、特に問題があるとは思われません。真宗の教えの特色である平生業成《へいぜいごうじょう》ということを、端的に述べているとも言えます。また浄信は、あまり時を置かず、二度も質問を寄せるなど、ご法義への熱意や向学心のほどが窺えます。しかし聖人は、内容のいかんではなく、不思議のはたらきにまかせようとする心よりもわたくしのはからいがまさってしまっている、そのあり方を誡めていらっしゃるようです。また、どなたかの質問ということで挙げられている内容は、もう一つはっきりしませんが、求める心がいくら強くても、お念仏が少ない者は往生できないという、多念にかたよった主張と考えられます。こちらにも聖人は、誤りを指摘した上で、なまじっかなはからいであると、やはり、そのあり方を誡めていらっしゃいます。

なお、同じ日に書かれたと考えられる教養（教名）宛の消息では「他力には　義なきを義とすとは　まふし候なり」とある追伸（端書）の言葉が、本消息では「他力と申し候は　とかくの　はからひなきを　申候なり（他力と申しますのは、あれこれとはからうことなき旨を申すのです）」とあって、よりかみ砕いた表現になっています。これは第二十二通において、「義なきを義とす」という言葉をすでに浄信には示して、解説もしていることから、本消息では繰り返すことはせず、より和《やわ》らいだ表現で、念を押されたものと拝察します。聖人の、細やかな心遣いが偲ばれます。

【原　文】

御《おん》ふみ　くはしく　うけたまはり候《そうらい》ぬ　さては　御法門の御不審に　*一念発《いちねんぼっ》起《き》のとき　*無礙《むげ》の心光《しんこう》に　摂護《しょうご》せられまいらせ候《そうろう》ゆへに　つねに　浄土の業《ごう》因《いん》決定《けつじょう》すと　おほせられ候　これめでたく候　かくめでたくは　おほせ候《そうら》へども　これみな　わたくしの　御《おん》はからひになりぬと　おぼえ候　ただ不思議と　信ぜさせたまひ候ぬるうへは　わづらはしきはからひ　あるべからず候また　ある人の　候なること　出世《しゅっせ》のこころおほく　浄土の業因　すくなしと　候なるは　こころえがたく候　出世と候も　浄土の業因と候も　みな　ひとつにて候なり　すべて　これ　なまじゐなる　御《おん》はからひと存《ぞんじそうろう》候　仏智不《ぶっちふ》

思議《しぎ》と　信ぜさせたまひ　候《そうらい》なば　別に　わづらはしく　とかくの御《おん》はからひ　あるべからず候　ただ　ひとびとの　とかくまふし候はんことをば　御不審　あるべからず候　ただ如来の誓願に　まかせまいらせたまふべく候　とかくの御《おん》はからひ　あるべからず候なり　あなかしこ　あなかしこ

五月五日　　親鸞［御判］

浄信御房《じょうしんのおんぼう》へ

［袖書云］

他力と申し候は　とかくの　はからひなきを　申《もうし》候《そうろう》なり

【語　釈】

一念発起《いちねんぽっき》　本願を深く信ずる心（一念）が初めて起こること。

無礙《むげ》の心光《しんこう》　何ものにも遮《さえぎ》られることのない阿弥陀仏の救いのはたらき。

（二十五）「覚信御房　御返事」

――建長八年の消息（五月二十八日付）

【現代語訳】

（第二十五通）

四月七日のご書信、五月二十六日に、確かに、確かに、拝見しました。さて、仰《おお》せにあります「信の一念《いちねん》」と「行《ぎょう》の一念」は、二つのことではありますが、信を離れた行というものはなく、行の一念を離れた信の一念もありません。と申しますのも、行というのは、本願の名号《みょうごう》をひと声となえて往生すると誓われているのを聞いて、ひと声となえ、あるいは十念《じゅうねん》に至るのが行であります。このお誓いを聞きえて、疑う心が少しもなくなるのを信の一念と申すのですから、信と行と、二つと承《うけたまわ》るものの、行のひと声があると聞いて疑うことがないのですから、行を離れた信はないと承っております。また、信を離れた行もないとご承知下さい。これはみな弥陀のお誓いということを心得て下さい。行と信とは、お誓いの内容を申すのです。あなかしこ　あなかしこ

ともに命ありましたなら、必ず、必ず、ご上洛下さい。

五月二十八日　［花押］

覚信房《かくしんぼう》殿へ御返事

専信坊《せんしんぼう》のお住まいが京に近くなりましたこと、まことにたのもしく思います。またお志《こころざし》の銭三百文《もん》、確かに、確かに、謹《つつし》んで賜りました。

【解説】

覚信房というお弟子からの質問にお答えになった返信で、真蹟が伝えられています。

書状の本紙には年号はありませんが、包紙に別筆で「建長八歳丙辰《ひのえたつ》五月二十八日親鸞

聖人御返事」とあり、年月日が明らかです。ちなみに翌日の五月二十九日に聖人は、慈信房宛に義絶を申し渡す書状を、性信房宛にその報告を書いていらっしゃいます。

覚信房からの質問は、信の一念（信相）と行の一念（一称）についてのもので、聖人は、信と行の関係について簡潔にまとめていらっしゃいます。都では「一念・多念の争い」という問題が起こり、地方にも波及していました。一念を主張する人たちは、信を重視して行を軽視する傾向が、多念を主張する人たちは、行を重視して信を軽視する傾向があったと言われています。おそらく聖人は、その影響をも憂慮しながら、どちらか一方に偏《かたよ》ってはならない旨、行と信とは一体である旨を述べていらっしゃるのです。

ところで本消息の追伸には、私的な伝言が添えられています。「いのち候はば　かならず　かならず　のぼらせ給《たまう》べし（ともに命ありましたなら、必ず、必ず、ご上洛下さい）」という短いお言葉ですが、覚信房は翌年（康元二年）には都で『西方指南抄《さいほうしなんしょう》』の書写にあずかっていますので、このお言葉どおりに上洛したということになります。そして、その翌年（正嘉二年）都で亡くなっています。

また追伸に「専信坊」とあるのは、法名を専海《せんかい》という有力な門弟です。「専信坊　京ちかくなられて候こそ　たのもしう　おぼえ候へ（専信坊のお住まいが京に近くなりましたこと、まことにたのもしく思います）」とあるのは、関東の地（下野）から比較的京都に近い遠江に移住したことを指すと考えられます。少しでも聖人の近くに住みたいと願って移住したとも言われ、実際に聖人のご往生に際しては、都に駆けつけています。専信房は『教行信証』の書写を許され、御影《ごえい》も賜っていますから、学識も相当にある信頼の厚いお弟子であったことが窺えます。

【原　文】

四月七日の御《おん》ふみ　五月二十六日　たしかに　たしかに　み候《そうらい》ぬ　さては
おほせられたる事　信の一念《いちねん》　行《ぎょう》の一念　ふたつなれども　信をはなれたる
行もなし　行の一念をはなれたる　信の一念もなし　そのゆへは　行と申《もうす》は
本願の名号《みょうごう》を　ひとこゑとなえて　わうじやう（往生）すと　申ことをきて　ひと
こゑをもとなへ　もしは　十念《じゅうねん》をもせんは　行なり　この御《おん》ちかいを　きき

て　うたがふこころの　すこしもなきを　信の一念と申せば　信と行と　ふたつと　きけども　行をひとこゑ　するときさて　うたがはねば　行をはなれたる信はなしと　ききて候《そうろう》　又　信はなれたる行なしと　おぼしめすべし　これみな　みだの御《おん》ちかいと申ことを　こころうべし　行と信とは　御《おん》ちかいを申なり　あなかしこ　あなかしこ

いのち候《そうら》はば　かならず　かならず　のぼらせ給《たま》うべし

五月二十八日　［花押］

覚信御房《かくしんのおんぼう》　御返事

専信坊《せんしんぼう》　京ちかくなられて候こそ　たのもしう　おぼえ候へ　又　御《おん》こころざしの　ぜに三百文《もん》　たしかに　たしかに　かしこまりて　たまはりて候

（二十六）「性信房　御返事」

——建長八年の消息（五月二十九日付）

【現代語訳】

（第二十六通）

それぞれのご書信の内容、詳しく拝見しました。また、どうやら慈信《じしん》の教義のせいで、常陸《ひたち》や下野《しもつけ》の人々の、念仏者として日頃承《うけたまわ》っていたご様子とは、みな変わってしまわれたように見受けられます。ほんとうに残念で、言いようもないと存じます。日頃より、往生は一定《いちじょう》と仰《おお》せであった人々が、慈信と同様に、でまかせをみなおっしゃるのを、日頃、深く信頼申してきたかと思うと、返すがえす、言いようもなく存じます。と申しますのも、浄土往生を信ずる信心とは、一《いち》念《ねん》たりとも疑う余地のない状態で、往生は確かと思ったのです。

光明寺《こうみょうじ》の和尚《かしょう》（善導）が、信のありさまを教えて下さるには、まことの信心が定まった後には、阿弥陀とも、釈迦とも思われる尊い仏がたが、空いっぱいに現れて、「釈迦の教え、弥陀の本願は、まちがいである」とおっしゃったとしても、わずかな疑念も起こりえないものであると、承っておりますので、そのように日頃申し上げてきたはずですが、慈信程度の者の申すことで、常陸・下野の念仏者が、みなお心が動揺して、果ては、あれほど確かな証文《しょうもん》を、精いっぱい書き写して、お送りしたものは、みな捨てておしまいになった模様で、もはや申し上げる言葉がありません。

まず、慈信の申します教義の内容、名目《みょうもく》すら聞いたことがなく、まして習ったこともありませんので、慈信にひそかに教えることもありえません。また夜であれ昼であれ、慈信一人に、人には隠して教義を伝えたこともありません。もしそのような何かを慈信に申しながら、うそをついて隠して、人に知らせずに教えたことがあったとすれば、三宝《さんぼう》を本《ほん》として、三界《さんがい》の諸天善神《しょてんぜんじん》、四海《しかい》の龍神《りゅうじん》などの八部衆《はちぶしゅう》、閻魔王界《えんまおうかい》の神々や冥界《みょうかい》を治める方々の罰を、親鸞の身に、ことごとく被《かぶ》らねばならないでしょう。今より後は、慈信に関しては、わが子とみなすこと、断念しました。世間のことでも、考えられないような虚言、言ってよいはずもないことなどを、申し広めているので、出世間《しゅっせけん》のことに限らず、世間の事柄でも、耳を疑うようなことを、際限なく申しているらしい。なかでも、その教義の内容を聞いてみると、想像もできないような言説であります。いささかも、親鸞の身には覚えのない、聞いたことも習ったこともないものであります。まったくもって、あきれたことで、情けなく思います。弥陀の本願を捨て申すというようなことに、人々が付き従って、親鸞をも、虚言を申す者にしてしまわれました。情けなく、嘆かわしく思います。

思い返してみますと、『唯信鈔《ゆいしんしょう》』『自力他力《じりきたりき》の事《こと》』『後世物語《ごせものがたり》の聞書《ききがき》』『一念多《いちねんた》念《ねん》の証文《しょうもん》（一念多念分別の事）』『唯信鈔《ゆいしんしょう》の文意《もんい》』『一念多念《いちねんたねん》の文意《もんい》』、これらの書物をご覧になりながら、慈信の教義によって、多くの念仏者が阿弥陀仏の本願を捨て申してしまわれましたこと、弁解の余地はありませんから、これらの書物のことも、今後は口になさるべきではありません。また性信房《しょうしんぼう》のお書きになった『真宗《しんしゅう》の聞書《ききがき》』は、こちらで申している内容と少しも違うところがありませんから、うれしゅう存じます。一帖《じょう》は、こちらにとどめ置きます。

また、哀愍房《あいみんぼう》とかいう人物には、いまだお目にかかったことがありません。書状を差し上げたこともございませんし、お国から書状の届いたこともございません。親鸞からの便りをえたと言っているとしたら、おどろくべきことです。『唯信鈔』について書いていますが、あきれた内容ですので、焼却するのが適当です。返すがえす、情けないことであります。この書状を、人々にもお見せになって下さい。あなかしこ　あなかしこ

五月二十九日　親鸞

性信房へ御返事

なおなお、念仏申す人たちが、折々に、わが信心は一定と言っておいでになったのは、みなでまかせでありました。これほど簡単に、御本願を捨て申して

しまわれるような人々の言葉を、年来、信頼申してきたかと思うと、言いようもない気持ちです。この書状を秘することがあってはならぬのであって、よくよく、人々にお見せ申して下さい。

【解　説】

性信房を始めとする門弟の数名から、慈信房の主張についての詳細な報告がなされ、聖人の知るところとなりました。その主張は、おどろくべきものでありました。同日付で慈信房へ義絶を申し渡した書状から、その一端が窺えます。本願の第十八願を、萎《しぼ》んでしまった花に譬えて、用の終わったものとして捨てるべしとの主張であって、しかも多くの人々がそれに付き従っているというのです。さらにそれは、聖人が夜ひそかに慈信一人に教えたものだと、まるで秘事《ひじ》であるかのように語っているというのです。それはもはや異義を通り越して、破法《はほう》・破僧《はそう》の行為そのものでした。また仏法のこと以外でも、さまざまな虚言を述べていることも明らかになりました。

いったい慈信房とは、どのような人物であったのでしょうか。慈信房に関して述べた歴史的な文献としては、聖人の御消息が第一の資料ですが、それ以外には、覚如上人《かくにょしょうにん》の子弟従覚上人の記した『慕帰絵』、同じく覚如上人の高弟乗専《じょうせん》の記した『最須敬重《さいしゅきょうじゅう》絵詞《えし》』にわずかに記述があるのみです。本消息には、念仏者の動揺をいさめる一節に「慈信ほどのものの　まうすことに　常陸下野の念仏者の　みな御こころどもの　うかれて（慈信程度の者の申すことで、常陸・下野の念仏者が、みなお心が動揺して）」とあります。もともと慈信房は、聖人からあまり評価されておらず、門弟のあいだでも、信頼度はむしろ低かった様子が、この短い言葉からも窺えます。『慕帰絵』や『最須敬重絵詞』に見える内容というのは、後の時代に覚如上人が関東に赴いた折に、晩年の善鸞《ぜんらん》と面会したときのことを伝えた内容です。

聖人のご旧跡を巡っている途中に、覚如上人は熱病を患われたようです。見舞いにやってきた老齢の慈信房は、効験《こうけん》があるからこれを服せと、自ら護符《ごふ》のようなものを筆で書いて盛んに勧めたと言います。お念仏の教えを長年聞いたはずの者としては、まさに型破りです。覚如上人としても、無下《むげ》に断ることもできず、難渋したさまが記されています。この記述からは、ある意味では親切で、面倒見のよい面もあるが、一方的で、非常識なところがあり、まともに相手をするには、いささか骨の折れる人物というようなイメージが伝わってきます。それだけに、慈信房に起因する関東の門弟の総崩れ的な動揺は、聖人にとっても、別の意味で意外なことだったのかも知れません。

【原　文】

この御《おん》ふみどもの様《よう》　くはしくみ　さふらふ　また　さては　慈信《じしん》が法文《ほうもん》の様ゆへに　常陸下野《ひたちしもつけ》の人々　念仏まうさせたまひさふらふことの　としごろ　うけたまはりたる様には　みな　かはりあふておはしますと　きこえ　さふらふかへすがへす　*こころうく　あさましくおぼへ候《そうろう》　としごろ　往生を*一定《いちじょう》とおほせられさふらふ人々　慈信とおなじ様に　そらごとを　みなさふらひけるを　としごろ　ふかくたのみまいらせて　さふらひけること　かへすがへすあさましふ　さふらふ　そのゆへは　往生の信心とまうすことは　一念《いちねん》も　うたがふことのさふらはぬをこそ　往生一定とは　おもひてさふらへ　*光明寺《こうみょうじ》

の和尚《かしょう》の　信の様を　をしへさせたまひさふらふには　まことの信を　さだめられてのちには　弥陀のごとくの仏《ぶつ》　釈迦のごとくの仏　そらにみちみちて釈迦のをしへ　弥陀の本願は　ひがことなりと　おほせらるとも　一念も　うたがひあるべからずとこそ　うけたまはりてさふらへば　その様をこそ　としごろ　まうしてさふらふに　慈信ほどのものの　まうすことに　常陸下野の念仏者の　みな御《おん》こころどもの　うかれて　はては　*さしもたしかなる証文《しょうもん》をちからをつくして　かずあまた　かきてまいらせてさふらへば　それをみなすてあふて　おはしましさふらふと　きこえさふらへば　ともかくも　まうすにをよばず　さふらふ　まづ　慈信がまうしさふらふ法文の様　名目《みょうもく》をもきかず　いはんや　ならひたることも　さふらはねば　慈信に　ひそかに　をしふべき様も　さふらはず　またよるもひるも　慈信一人《いちにん》に　人にはかくして法文をしへたること　さふらはず　もしこのこと　慈信にまうしながら　そらごとをもまうし　かくして　人にもしらせずして　をしへたること　さふらはば三宝《さんぼう》を本《ほん》として　*三界《さんがい》の諸天善神《しょてんぜんじん》　*四海《しかい》の*龍神八部《りゅうじんはちぶ》　閻魔王界《えんまおうかい》の　神祇冥道《じんぎみょうどう》

の罰を　親鸞が身に　ことごとく　かぶり　さふらふべし　自今已後《じこんいご》は　慈信にをきては　子の儀　おもひきりて　さふらふなり　世間のことにも　不可思《ふかし》議《ぎ》のそらごと　まうすかぎりなきことどもを　まうしひろめて　さふらへば出世《しゅっせ》のみにあらず　世間のことにをきても　をそろしきまうしごとども　かずかぎりなく　さふらふなり　なかにも　この法文の様　ききさふらふに　こころもをよばぬまうしごとにて　さふらふ　つやつや　親鸞が身には　ききもせず　ならはぬことにて　さふらふ　かへすがへす　あさましふ　こころうくさふらふ　弥陀の本願を　すてまいらせてさふらふことに　人々のつきて　親鸞をも　そらごとまうしたるものに　なして　さふらふ　こころうく　うたてきことに　さふらふ　おほかたは　唯信抄《ゆいしんしょう》　自力他力《じりきたりき》の文《ふみ》　後世《ごせ》ものがたりのききがき　一念多念《いちねんたねん》の証文《しょうもん》　唯信鈔《ゆいしんしょう》の文意《もんい》　一念多念《いちねんたねん》の文意《もんい》　これらを御覧じながら　慈信が法文によりて　おほくの念仏者達の　弥陀の本願を　すてまいらせあふて　さふらふらんこと　まうすばかりなく　さふらへば　かやうの御《おん》ふみども　これよりのちには　おほせらるべからず　さふらふ　また真《しん》

宗《しゅう》のききがき　性信房《しょうしんぼう》の　かかせたまひたるは　すこしも　これにまうして
さふらふ様に　たがはずさふらへば　うれしふ　さふらふ　真宗のききがき一
帖《じょう》は　これにとどめをきて　さふらふ　また哀愍房《あいみんぼう》とかやの　いまだみもせ
ず　さふらふ　またふみ　一度も　まいらせたることもなし　くにより　ふ
み　たびたることもなし　親鸞がふみをえたると　まうしさふらふなるは　お
そろしきことなり　この唯信鈔かきたる様　あさましう　さふらへば　火にや
き　さふらふべし　かへすがへす　こころうく　さふらふ　このふみを　人々
にも　みせさせたまふべし　あなかしこ　あなかしこ

五月二十九日　　親鸞

性信房　御返事

なをなを　よくよく　念仏者達の信心は一定と　さふらひしことは　みな
御《おん》そらごとどもにて　さふらひけり　これほどに　第十八の本願を　すてま
いらせあふてさふらふ人々の　御《おん》ことばを　たのみまいらせて　としごろ

さふらひけるこそ　あさましう　さふらふ　*このふみを　かくさるべきこと
ならねば　よくよく　人々《ひとびと》に　みせまうしたまふべし

【語　釈】

こころうくあさましくおぼへ候《そうろう》としごろ　この部分は、原本にはないが、異本によって補った。

一定《いちじょう》　確実である、確定した、という意。「必定」とも言う。

さしもたしかなる証文《しょうもん》　『唯信鈔』や『自力他力の事』等の書物を指す。

光明寺《こうみょうじ》の和尚《かしょう》　善導大師を指す。光明寺は、かつて長安にあった寺院。善導大師がここを拠点に布教活動をされたことから、この名がある。

三界《さんがい》　欲界《よくかい》、色界《しきかい》、無色界《むしきかい》。迷いの世界のすべて。欲界は食欲・淫欲・睡眠欲など本能的な欲望の盛んな世界。地獄・餓鬼・畜生・修羅・人間、および六欲天《ろくよくてん》。色界は物質的な世界だが淫欲と貪欲を離れた世界。四禅天《しぜんてん》の領域。無色界は肉体を持たず物質性を離れた世界。空無辺《くうむへん》処《しょ》・識《しき》無辺処《むへんしょ》・無所有処《むしょうしょ》・非想非非想処《ひそうひひそうしょ》の四つの領域。

四海《しかい》　世界の中心を表す須弥山《しゅみせん》をとりまく四方の海。転じて全世界を意味する。

龍神八部《りゅうじんはちぶ》　仏法を守護する八種の鬼神《きじん》。天・龍・夜叉《やしゃ》・乾闥婆《けんだつば》・阿修羅《あしゅら》・迦楼羅《かるら》・緊那羅《きんなら》・摩睺羅伽《まごらが》。

このふみをかくさるべきことならねばよくよく人々《ひとびと》にみせまうしたまふべし　同朋に公開し周知することを前提に書かれた消息であることがわかる。義絶の通知を改《かい》竄《ざん》されたものとする見方もあるが、この言葉があることで否定される。聖人の原本をお言葉どおりに速やかに公開せずに、あるいはできずに、後に人々に消息の存在が知られた時点で、本消息を所持していた個人ないし集団は、性信房を筆頭に、この聖人の堅い言いつけに背いていたことになり、立場を失うことになるからである。自身および門侶に決定的な不利益をもたらす文書をあえて偽造することは、考えにくいからである。

（二十七）「慈信房　御返事」

――建長八年の消息（五月二十九日付）

【現代語訳】

（第二十七通）

そちらでの仰《おお》せの内容、詳しく聞きました。それにしても、哀愍房《あいみんぼう》とかいう人が、京より便りをえたとか申していらっしゃるようですが、返すがえす不可解なことです。いまだ姿を見たこともなく、書状も、一度もいただいたことはありません。こちらからも送ったことはないのに、京より便りをえたなどとは、あきれたことです。

また、慈信房《じしんぼう》の教義の内容ですが、名目《みょうもく》すら聞いたことなく、耳新しいことを、慈信一人に、夜親鸞が教えたのであると人に語られたとかで、それに対して常陸《ひたち》・下野《しもつけ》の人々は、みな親鸞がうそを申していたと語り合っているというのですから、もはや父と子の儀は、あるべくもないと存じます。また母君のことでも、思いも及ばぬ虚言を言いつけられたこと、もっての外のこと、あきれたことと存じます。みぶの女房《にょうぼう》が、直接おいでになっておっしゃったこと、慈信房が下された書状とおっしゃって持ってこられたもの、こちらで保管している模様です。慈信房の書状であるからと預けられ、こちらにあります。その内容、まったく関係ないことなのに、（世間にうとい）継母《ままはは》の言葉に惑《まど》わされたと書かれてあるのには、言葉を失います。世間に処してこられたものを、継母の言葉に惑わされたなどとは、あきれた言いぐさです。また、今の時代に、どのように処してこられたのか、よく知らぬことを、みぶの女房のもとへも、このような便りを出したこと、考えられないような虚言であり、やりきれないことと嘆いております。ほんとうに、このようなでまかせを言って、六波羅《ろくはら》の方や鎌倉などに上申《じょうしん》なさったこと、情けなく思います。

これらほどのでまかせでも、この世のことですから、いかようにも過ぎましょうが、それでも、虚言を申すこと自体、嘆かわしいことです。ましてや、極楽往生という大事を、誤って伝え、常陸・下野の念仏者を惑わし、親のことでも、でまかせを言いつけたこと、情けなく思います。第十八の本願を、萎《しぼ》んだ花に譬《たと》えて、それぞれに、みな捨て申してしまったなどとは、まことに、謗法《ほうぼう》の咎《とが》であって、また五逆《ごぎゃく》の罪を好んで、人を傷つけ惑わしていらっしゃること、悲しい限りです。ことに仏法の集いを破る罪は、五逆罪の一つです。親鸞のことで、でまかせを言いつけたのは、父を殺したのです。これも五逆の一つです。このようなことを伝え聞くのは、言いようもなくつらいことですから、もはや親ということはありえません。わが子と思うこと、あきらめました。三宝《さんぼう》・神明《しんめい》に申し切り終わった。悲しいことです。自分の考えどおりにならないから、常陸の念仏者をみな惑わそうとなさるのだろうとの風評は、ほんとうにやりきれなく思います。親鸞が直々《じきじき》に、常陸の念仏申す人々の結束を損なえと、慈信房に指示したなどと、鎌倉にまで伝わっているとは……。あきれたことです。あきれたことです。

五月二十九日

在判

慈信房へ御返事

【解　説】

慈信房に義絶を申し渡した書状です。親鸞聖人ご夫婦と慈信坊が親子の関係にあったことは、本消息でも確認できます。と同時に、慈信房がみぶの女房へ出した書状に、恵信尼公のことを、「ままはは」と呼んでいることが注目されます。みぶの女房という人物については何も伝わっていませんが、文面からは聖人夫婦、慈信房の両方と親密な関係にあったことが窺えます。したがって、「ままはは」ということにはまちがいなく、「だまされた」と言っていることに対して虚言だとお叱りを述べられたものと判断できます。「ままはは」というのは、「義理の母」のことで、父の後妻とは限りません。いずれにせよ恵信尼公は、義理の母親であったということです。

では聖人の本当の子でしょうか。これは同日付の性信房宛の書状の方に手がかりがあります。聖人は慈信を義絶することを性信房に告げるときに、「子の儀　おもひきりてさふらふなり（わが子とみなすこと、断念しました）」と述べています。「子の儀」というのは、歴史上の文献では、養子や猶子《ゆうし》などの義理の親子関係を意味します（古写本では「子の儀」となっている部分が、江戸時代の写本〈恵空書写本〉では「親鸞が子の義」となっていますが、実子との先入観からか、あるいは忖度がはたらいたのか、書き改めたものと考えられます）。

たとえば『慕帰絵』には、覚信尼の子唯善《ゆいぜん》に関して、「鎌倉の唯善房と号せしは、中院少将《なかのいんしょうしょう》具親《ともちか》朝臣《あそん》の孫禅念房《ぜんねんぼう》の真弟《しんてい》（実子）なり。幼年のときは少将輔時《すけとき》猶子とし、成人の後は亜相《あしょう》雅忠《まさただ》卿・子の儀たりき」とあります。貴族や武家の社会では、立身出世の手助けや家の存続などの便宜のために、養子や猶子の縁組が頻繁に行われました。また当時は、親と死に別れたりする子も多く、その救済策としても、同様の縁組がなされました。

また善鸞が実子でなかったことの傍証としては、『慕帰絵』や『尊卑分脈《そんぴぶんみゃく》』などの系図に、善鸞（慈信）のもとの名前として「宮内卿公《くないきょうのきみ》」という公名《きみな》（君名・卿名）を伝えているという点があります。「公名」は、天台宗などで貴族の子弟をその近親者の官職名で呼んだものです。しかし、聖人の実子が若くして他宗の寺院で出家することなど考えにくいことです。ひたすらお念仏一つの道を人々に勧めて自らも実践していらっしゃった聖人が、そのようなことを許可される道理がありません。

それでも、慈信房が実子でないと困るということがあるとするなら、聖人の血統を主張したい場合ぐらいしか思い当たりません。慈信房は、祖師に背いた人物として否定的に語られる一方、たとえば本願寺では、子息の如信上人《にょしんしょうにん》を二代目と定めていることなどをかんがみると、慈信房が実子と考えられている方が、むしろ都合がよいという側面が、あったのかも知れません。

それにしても、本消息のなかで聖人は、例外的に、感情を吐露《とろ》していらっしゃいます。義絶は、同朋の混乱を収めるためには、もはや避けられない状況であったことは、まちがいありません。表面的には、慈信房に対して過ちを一つひとつ並べて、繰り返しお叱りのお言葉を投げかけていらっしゃいます。しかし突き放そうとするきびしい言葉とは裏腹に、否《いな》、それゆえにこそ、深い悲しみとともに、慈信へのやるせない親心を感じさせる内容と感じます。

【原　文】

おほせられたる事　くはしく　ききて　さふらう　なにより は　あいみむばう《（哀愍房）》とかやと　まふすなる人の　京より　ふみをえたるとかやと　まふされさふらうなる　返々《かえすがえす》ふしぎに　さふらう　いまだ　かたちおもみず　ふみ　一度もたまはりさふらはず　これよりも　まふすこともなきに　京より　ふみをえたるとまふすなる　あさましきことなり　又　慈信房《じしんぼう》のほふもん《（法文）》のやうみやうもく《（名目）》をだにもきかず　しらぬことを　慈信一人《いちにん》に　よる親鸞がおしえたるなりと　人に慈信房　まふされてさふらうとて　これにも　常陸下野《ひたちしもつけ》の人々は　みな　しむらむ《（親鸞）》が　そらごとをまふしたるよしを　まふしあはれてさふらえば　今は　父子のぎ《（儀）》は　あるべからず　さふらう　又　母のあまにも　ふしぎのそらごとを　いひつけられたること　まふすかぎりなきこと　あさましう

さふらう　みぶの女房《にょうぼう》の　これえきたりてまふすこと　じしむばう（慈信房）がたう（賜）た
るふみとて　もちてきたれるふみ　これにおきて　さふらうめり　慈信房がふ
みとて　これにあり　そのふみ　つやつや　＊いろはぬことゆえに　ままははに
いゐまどわされたると　かかれたること　ことに　あさましきことなり　＊よ（世）に
ありけるを　ままははのあまの　いゐまどわせりといふこと　あさましきそら
ごとなり　又　この世に　いかにしてありけりともしらぬことを　みぶの
にょばう（女房）のもとえも　ふみのあること　こころもおよばぬほどのそらごと　こ
ころうきことなりと　なげき　さふらう　まことに　かかるそらごとどもをい
ひて　六波羅《ろくはら》のへむ（辺）　かまくら（鎌倉）なむどに　ひろう（披露）せられたること　こころうき
ことなり　これらほどの　そらごとは　このよのことなれば　いかでもあるべ
し　それだにも　そらごとをいうこと　うたてきなり　いかにいはむや　往生
極楽の大事を　いひまどわして　ひたち（常陸）しもつけ（下野）の念仏者を　まどわし　おや
に　そらごとを　いひつけたること　こころうきことなり　第十八の本願をば
しぼめるはなにたとえて　人ごとに　みな　すてまいらせたりと　きこゆるこ

と　まことに　はうぼふ《（謗法）》のとが　又　五逆《ごぎゃく》のつみをこのみて　人をそむ《（損）》じまどわさるること　かなしきことなり　ことに　破僧《はそう》の罪とまふすつみは　五逆の　その一《ひとつ》なり　親鸞に　そらごとを　まふしつけたるは　ちちをころすなり　五逆の　その一なり　このことども　つたえきくこと　あさましさ　まふすかぎりなければ　いまは　おやといふこと　あるべからず　ことおもふこと　おもいきりたり　*三宝神明《さんぼうしんめい》に　まふしきりおわりぬ　かなしきことなり　わがほうもんに　にずとて　ひたちの念仏者　みな　まどわさむと　このまるるときくこそ　こころうく　さふらえ　しむらむ《（親鸞）》がおしえにて　ひたちの念仏まふす人々を　そむ《（損）》ぜよと　慈信房におしえたると　かまくらまできこえむこと　あさまし　あさまし

*［同　六月　廿　七日到来《おなじきろくがつにじゅうしちにちとうらい》］

五月廿九日　　在判

*［建長　八年六月　廿　七日　註　之《けんちょうはちねんろくがつにじゅうしちにちこれをしるす》］

慈信房御返事

＊［嘉元三年七月《かげんさんねんしちがつ》廿七日《にじゅうしちにち》書写《しょしゃ》了《しおわんぬ》］

【語釈】

いろはぬことゆえに　「いろふ」は「かかり合う」「関与する」という意。

よにありけるを　「世に在り」とは「世間に認められている」という意。

三宝神明《さんぼうしんめい》にまふしきりおわりぬ　ここの部分は義絶状などで当時一般的であった定型の文句を、あえて踏襲されたものと推察される。

同六月廿七日到来《おなじきろくがつにじゅうしちにちとうらい》　消息が届いた日付を写本に書き添えたもの。本消息は、都から原本が届いた後、慈信房に渡す前に、門弟によって書写されたと考えられる。性信房宛の消息とともに各地の同朋によって回覧された。本消息は、義絶を告げる私的な書状の範疇を超えて、広く関東の同朋にあてた誡めという性格があった。

建長八年六月廿七日註之《けんちょうはちねんろくがつにじゅうしちにちこれをしるす》　原本からの書写がなされた日付。消息が届いた当日に転写されていることがわかる。

嘉元三年七月廿七日書写了《かげんさんねんしちがつにじゅうしちにちしょしゃしおわんぬ》　書写され伝えられた書状を半世紀の後に高田の顕智がさらに書写したときの日付。慎重に取り扱われていることが窺える。本消息は、どの消息集にも取り上げられなかったが、聖人の身内の不始末にかかわる内容であり、少なからず遠慮がはたらいたであろうことは想像に難くない。

なお、慈信房の没年に関しては『大谷本願寺通紀《つうき》』に、弘安《こうあん》九年（一二八六）七十歳と正応《しょうおう》五年（一二九二）八十一歳の両説を挙げている。その他に弘安元年（一二七八）六十五歳（飯山の弘徳寺の伝承）、弘安元年七十四歳（『毫摂寺由緒略歴』）、建治《けんじ》三年（一二七七）七十一歳（山元派證誠寺伝『為本記』）などの説もあるが、正応三年（一二九〇）に覚如上人が面会したとの『慕帰絵』などの記事と合致するのは正応五年説のみである。この説によるなら慈信房は建暦二年（一二一二）の生まれということになる。この年は、聖人一家が越後から関東に移られる少し前の時期にあたる。また覚如上人と面会したときには、七十九歳という高齢であったことになる。

（二十八）「随信御房」

――推定康元元年の消息（十一月二十六日付）

【現代語訳】

（第二十八通）

お尋ねの件でありますが、阿弥陀仏の他力廻向《たりきえこう》の誓願に出遇《であ》うことで、真実の信心を賜ってよろこぶ心の定まるとき、摂取《せっしゅ》して下さって捨てられることなき身となったゆえに、金剛心《こんごうしん》となるときを、正定聚《しょうじょうじゅ》の位に身を置いたとも申します。弥勒菩薩《みろくぼさつ》と同じ位になるとも説かれたようです。弥勒と同じ位になることから、信心がまことである人を「仏《ぶつ》にひとしい」とも申します。また諸仏がたが、真実信心をえてよろこぶ者のことを、心底よろこばれて、「われとひとしい者である」と説いていて下さいます。『大経《だいきょう》』（無量寿経）には、釈尊のみ言葉に、「見て敬い、得て、大いに慶《よろこ》ぶ者は、すなわちわが善き親しき友である」とよろこんで下さることから、「信心をえた人は、諸仏とひとしい」と説かれたようです。また弥勒に対しては、すでにまちがいなく仏になる身となっていらっしゃるということで、「弥勒仏」と、お呼びするのです。ですから、すでに他力の信をえた人に対しても、「仏とひとしい」と申すことができるのだと拝察します。ご不審を懐《いだ》かれずともよい道理です。

お同行《どうぎょう》が、「臨終を期して」と仰《おお》せのようですが、こちらの力の及ばぬことです。信心がまことゝなった人は、これも誓願の利益《りやく》ですが、おさめ取って捨てずとおっしゃるわけですから、来迎《らいこう》も、臨終も、期する必要がないと存じます。いまだ信心の定まっていない人は、臨終をも期し、来迎を待たれるとしても致し方ない。

このご書信の送り主のお名前は、「随信房《ずいしんぼう》」と名《な》告《の》られるのが宜《よろ》しいかと存じます。ご書状の書きぶり、申し分のないものです。お同行の仰せの方は、心得が

たく存じます。それには当方、力及ばぬものと存じます。あなかしこ　あなかしこ

十一月二十六日　親鸞

随信房殿

【解説】

建長七年から翌八年の慈信房の義絶に至る時期に頻出した言葉に、「義なきを義とす」という法然上人のお言葉がありました。次《つ》いで建長八年（康元元年）から翌年の正嘉元年あたりに御消息でよく取り上げられた言葉は、「如来とひとし」という『華厳経』をもとにした言葉です。また本消息にある「諸仏とひとし」という言葉も見られます。こちらは、『無量寿経《むりょうじゅきょう》』および『阿弥陀経』を根拠としています。「諸仏」も「如来」も、一般には意味に違いはないように思われますが、実際には「諸仏」は『阿弥陀経』や十七願に説かれる十方諸仏、すなわち釈尊と同じ立場の仏、「如来」はあらゆる仏というように使い分けもなされます。「如来とひとし」という言い方は、建長八年と推定

される消息（慶西宛二月九日付）、正嘉元年の年号の付された二通の消息、同じく正嘉元年と推定される消息（浄信への返信）に見られ、短い期間に集中していることがわかります。「諸仏とひとし」の語は、さらに用例は限られ、建長八年と推定される消息（浄信への返信）および本消息にのみ見られます。本消息は十一月二十六日付であることから、康元《こうげん》元年（建長八年が十月五日に改元）の執筆と推定します。

本消息において聖人は、「仏にひとしい」と言える根拠を論理的に説明していらっしゃいます。すなわち信心をえた人は、仏になることが定まった仲間を意味する正定聚に身を置いている。これは「等正覚（正覚に等しい）」と言われる弥勒菩薩と同じ位である。その弥勒菩薩は、次に人界に生まれてきたときには仏にまちがいなくなる身ということで、諸宗で「弥勒仏」と呼んでいる。信心をえた者も、次には浄土に生まれて仏になることが確定している。それで他力の信心をえた人を「仏とひとしい」とも言えるのであると。また十方の諸仏がたが「われにひとしい者」と説かれ、釈尊は「わが親しき友なり」と喜んでいて下さるという点から、「諸仏にひとしい」とも言える。ただしこれらは、あくまでも正定聚に就くということを言っているのであって、仏のごとくすぐれた者になるということではないから、疑わずともよいと。このような趣旨を述べていらっしゃるわけです。

本消息には、臨終の行儀を期する同行についての質問に対するお答えが見えます。真宗の聞法者《もんぼうしゃ》は、臨終の来迎を待つことはないと教えられ納得していますが、これは浄土教全体を見渡せばむしろ例外的なことです。通仏教《つうぶっきょう》の常識では、臨終のありさまは、きわめて大事であり、そのいかんによって次に生まれる世界がはっきりすると考えられていたわけです。ですから真宗の同行のなかにも、そうした観念を捨てきれない人があったということもうなずけます。ちなみに慈信房が「日頃の念仏は無用である」と言ったのも、実は臨終の念仏を重視する考えであった可能性もあります。聖人が門弟に勧めた『唯信鈔』には、「臨終の念仏は功徳ことにすぐれたり」とあり、その心については、「病おもく、いのちせまりて、身にあやぶみあるときには、信心おのづからおこりやすきなり」とあります。このあたりは、理解を誤ると、平生の念仏を軽視する考えにつながりかねないところで、そのような要素が、歴史的に、もともとあったとも言えます。教えを正しく聞くことのむずかしさは、今も昔も変わらないようです。

【原　文】

御《おん》たづね　さふらふことは　弥陀他力の　廻向《えこう》の誓願に　あひたてまつりて　真実の信心を　たまはりて　よろこぶこころの　さだまるとき　摂取《せっしゅ》して　すてられまいらせざるゆへに　*金剛心《こんごうしん》になるときを　正定聚《しょうじょうじゅ》のくらゐに住すと　も　まふす　弥勒菩薩《みろくぼさつ》と　おなじくらゐになるとも　とかれて　さふらふめり　弥勒と　ひとつくらゐになるゆへに　信心まことなるひとを　仏《ぶつ》にひとしとも　まふす　また　諸仏の　真実信心をえてよろこぶをば　まことに　よろこびて　われとひとしきものなりと　とかせたまひて　さふらふなり　大経《だいきょう》には　釈尊のみことばに　見敬得大慶《けんきょうとくだいきょう》　則我善親友《そくがぜんしんぬ》と　よろこばせ　たまひさふらへば　信心を　えたるひとは　諸仏とひとしと　とかれて　さふらふめり　また　弥勒をば　すでに　仏にならせたまはんこと　あるべきに　ならせたまひて　さふらへばとて　弥勒仏と　まふすなり　しかれば　すでに　他力の信を　え

たるひとをも　仏とひとしと　まふすべしと　みえたり　御《おん》うたがひ　あるべからず　さふらふ　御同行《おんどうぎょう》の　臨終を期《ご》してと　おほせられ　さふらふらんは　ちからおよばぬことなり　信心まことに　ならせたまひて　さふらふひとは　誓願の利益《りやく》にて　さふらふうへに　摂取して　すてずと　さふらへば　来《らい》迎《こう》臨終を　期せさせたまふべからずとこそ　おぼえさふらへ　いまだ信心さだまらざらんひとは　臨終をも期し　来迎をも　またせたまふべし　この御《おん》ふみぬしの　御名《ごみょう》は　随信房《ずいしんぼう》と　おほせられさふらはば　めでたく　さふらふべし　この御《おん》ふみの　かきやう　めでたく　さふらふ　御同行の　おほせられやうは　こころえず　さふらふ　それをば　ちからおよばず　さふらふ　あなかしこ　あなかしこ

十一月二十六日　　親鸞

随信御房《ずいしんのおんぼう》

（二十九）「浄土宗大意」のこころ

──正嘉元年の消息（閏三月三日付）

【現代語訳】

（第二十九通）

また「五説《ごせつ》」というのは、さまざまの経《きょう》が説かれるものの、五種の分類に収まるというのです。一つには、仏《ぶつ》自らの説く仏説《ぶっせつ》、二つには、仏の直弟子《じきでし》の説く聖《しょう》弟子説《でしせつ》、三つには、護法《ごほう》の善神《ぜんじん》や仙人の説く天仙説《てんせんせつ》、四つには、鬼神《きじん》が現れて説く鬼神説《きじんせつ》、五つには、変化身《へんげしん》の説く変化説《へんげせつ》と言われます。この五種のうち、仏説を取るべきであり、他の四種をよりどころにすべきではありません。この三《さん》部経《ぶきょう》は、釈迦如来のご自説に相違ないと知られるというのです。「四土《しど》」というのは、一つには法身《ほっしん》の土《ど》、二つには報身《ほうじん》の土、三つには応身《おうじん》の土、四つには化土《けど》です。今この安楽浄土《あんらくじょうど》は、報土《ほうど》です。「三身《さんしん》」というのは、一つには法身、二つには報身、三つには応身です。今この阿弥陀如来は、報身如来です。「三宝《さんぼう》」というのは、一つには仏宝《ぶっぽう》、二つには法宝《ほうぼう》、三つには僧宝《そうぼう》です。今この浄土宗は、特に仏宝をよりどころとします。「四乗《しじょう》」というのは、一つには仏乗《ぶつじょう》、二つには菩薩乗《ぼさつじょう》、三つには縁覚乗《えんがくじょう》、四つには声聞乗《しょうもんじょう》です。今この浄土宗は、菩薩乗です。「二教《にきょう》」というのは、一つには頓教《とんぎょう》、二つには漸教《ぜんぎょう》です。今この教えは、頓教です。「二蔵《にぞう》」というのは、一つには菩薩蔵《ぼさつぞう》、二つには声聞蔵《しょうもんぞう》です。今この教えは、菩薩蔵です。「二道《にどう》」というのは、一つには難行道《なんぎょうどう》、二つには易行道《いぎょうどう》です。今この浄土宗は、易行道です。「二行《にぎょう》」というのは、一つには正行《しょうぎょう》、二つには雑行《ぞうぎょう》です。今この浄土宗は、正行に基づきます。「二超《にちょう》」というのは、一つには竪超《しゅちょう》、二つには横超《おうちょう》です。今この浄土宗は、横超です。竪超は聖道門《しょうどうもん》、自力の宗旨です。「二縁《にえん》」というのは、一つには無縁《むえん》、二つには有縁《うえん》です。今この浄土の教えは、有縁の教えです。「二住《にじゅう》」というのは、一つには止住《しじゅう》、二つには不住《ふじゅう》です。今この浄土の教えは、法滅《ほうめつ》のときにも百年とどまって、有情《うじょう》を利《り》益《やく》して下さるというのです。「不住」とは、聖道門、諸善《しょぜん》の教えです。諸善はみな、龍宮《りゅうぐう》へお隠れになってしまうのです。「思《し》・不《ふ》思《し》」というのは、思議《しぎ》の法は聖道門、八万《はちまん》四千《しせん》の諸善の法です。「不思」というのは、浄土の教えは不可思議《ふかしぎ》の教法《きょうぼう》だからです。

これらのことは、以上のように記しておきます。後はよく知っていらっしゃりそうな人にお尋ね申して下さい。また詳しいことは、この書簡にて申すべくもございません。目も見えません。何ごとも、みな忘れてしまいましたし、人に明らかに説きうる身でもありません。よくよく浄土門の学僧がたに問い申して下さい。あなかしこ　あなかしこ

閏《うるう》三月三日　　親鸞

【解説】

『西方指南抄』に収められている法然上人の法語「浄土宗大意《じょうどしゅうたいい》」の内容を解説した消

息です。『西方指南抄』は、法然上人の法語や問答の記録、御消息、伝記等をまとめた書で、宗祖ご自身の編纂《へんさん》と考えられてきました。本消息に年号はありませんが、「閏三月」とあることから、正嘉元年、聖人八十五歳の消息と確定できます。聖人は、ご自身の著作以外では『唯信鈔』『自力他力の事』『一念多念分別の事』『後世物語の聞書』などを書写して、門弟に勧められましたが、これらの書は建長七年（聖人八十三歳）に『一念多念分別の事』を書写して後は、書写の記録がなく、それに代わって、翌康元元年からは『西方指南抄』を書写して与えられました。法然上人の法語や消息等を集めて編纂することは、ご自身の念願でもあったと拝察しますが、関東の同朋の混乱がようやく収まったこの時期に、聖人にとっても信仰の原点である法然上人のお言葉を、もう一度しっかり確認し味わいたいとのお気持ちが、はたらいたのかも知れません。

なお、『西方指南抄』に関しては、法然門下の他の誰かの編纂である可能性も以前から指摘されていますが、事実としては、宗祖の自筆本およびその写本のみが伝えられ、その自筆本を起源としない別系統の写本が見つかったことはなく、またその存在を示唆《しさ》する文献もありませんから、書誌学的にも根拠が乏しいと言えます。浄土宗に伝わる類似の集成と比べたとき、本抄は、浄土真宗の教義を理解する上で示唆的な内容に富み、また法義の味わいに資するものは長短こだわりなく載せる一方、たとえば諸行往生の成就や九品《くぼん》の差別など、真宗的に受け取りにくい部分は中略してたくみに避けるなど、真宗の安心《あんじん》に基づいた確かな編集の意図が感じられます。すでに他者がある程度まとめた原稿があった可能性はありますが、いずれにしても、聖人ならではの編集の手が加えられており、伝統的に、ご自身の編纂と考えられてきたことは、大いにうなずけるところです。

【原　文】

また　五説《ごせつ》といふは　よろづの経《きょう》を　とかれ候《そうろう》に　五種には　すぎず候なり
一には　仏説《ぶっせつ》　二には　聖弟子《しょうでし》の説　三には　天仙《てんせん》の説　四には　鬼神《きじん》の説
五には　変化《へんげ》の説といへり　この五《いつつ》のなかに　仏説を　もちひて　かみの四種
を　たのむべからず候　この*三部経《さんぶきょう》は　釈迦如来の　自説にてましますと

しるべしとなり　四土《しど》といふは　一には　*法身《ほっしん》の土《ど》　二には　*報身《ほうじん》の土　三には　*応身《おうじん》の土　四には　*化土《けど》なり　いまこの安楽浄土《あんらくじょうど》は　報土《ほうど》なり　三身《さんしん》といふは　一には*法身《ほっしん》　二には報身　三には応身なり　いまこの弥陀如来は報身如来なり　三宝《さんぼう》といふは　一には仏宝《ぶっぽう》　二には法宝《ほうぼう》　三には僧宝《そうぼう》なり　いまこの浄土宗は　仏宝なり　四乗《しじょう》といふは　一には仏乗《ぶつじょう》　二には菩薩乗《ぼさつじょう》　三には縁覚乗《えんがくじょう》　四には声聞乗《しょうもんじょう》なり　いまこの浄土宗は　*菩薩乗《ぼさつじょう》なり　二教《にきょう》といふは　一には*頓教《とんぎょう》　二には*漸教《ぜんぎょう》なり　いまこの教は　頓教なり　二蔵《にぞう》といふは　一には菩薩蔵《ぼさつぞう》　二には声聞蔵《しょうもんぞう》なり　いまこの教は　菩薩蔵なり　二道《にどう》といふは　一には難行道《なんぎょうどう》　二には易行道《いぎょうどう》なり　いまこの浄土宗は　易行道なり　二行《にぎょう》といふは　一には正行《しょうぎょう》　二には雑行《ぞうぎょう》なり　いまこの浄土宗は　正行を本《ほん》とするなり　二超《にちょう》といふは　一には竪超《しゅちょう》　二には横超《おうちょう》なり　いまこの浄土宗は　横超なり　竪超は　聖道自力《しょうどうじりき》なり　二縁《にえん》といふは　一には無縁《むえん》　二には有縁《うえん》なり　いまこの浄土は　有縁の教なり　二住《にじゅう》といふは　一には止住《しじゅう》　二には不住《ふじゅう》なり　いまこの浄土の教は　*法滅百歳《ほうめつひゃくさい》まで住したまひて　有情《うじょう》を

利益《りやく》したまふとなり　不住は　聖道諸善《しょぜん》なり　諸善は　みな龍宮《りゅうぐう》へ　かくれいり　たまひぬるなり　思不思《しふし》といふは　思議《しぎ》の法は　聖道　八万四千《はちまんしせん》の諸善なり　不思といふは　浄土の教は　不可思議《ふかしぎ》の教法《きょうぼう》なり　これらは　加様《かよう》にしるしまふしたり　よくしれらんひとに　たづね申《もうし》たまふべし　またくはしくは　このふみにて申《もうす》べくも候《そうら》はず　目もみえず候　なにごとも　みなわすれて候うへに　ひとに　あきらかに　まふすべき身にも　あらず候　よくよく浄土の学生《がくしょう》に　とひ申たまふべし　穴賢々々《あなかしこあなかしこ》

閏三月三日　　親鸞

【語　釈】

この三部経《さんぶきょう》　「浄土三部経」を指す。『仏《ぶっ》説無量寿経《せつむりょうじゅきょう》』『仏説観無量寿経《ぶっせつかんむりょうじゅきょう》』『仏《ぶっ》説阿弥陀経《せつあみだきょう》』の三部の経典。

法身《ほっしん》の土《ど》　智慧の眼《まなこ》によって観見《かんけん》するとされる一如《いちにょ》の世界。聖道門の教説。

報身《ほうじん》の土《ど》　阿弥陀仏が衆生を住まわせるた

めに願を立てて建立した世界。念仏門のよりどころとなる真の浄土。
応身《おうじん》の土《ど》　釈尊などの諸仏が現れて衆生を済度する世界。娑婆世界など。
化土《けど》　衆生を導くために方便として説かれた浄土。『観経』の浄土や懈慢界・疑城胎宮など。
法身《ほっしん》「法（さとり）を身体とする者」というのが原義で、釈尊をたたえる言葉だった。転じて聖者が身に具《そな》えている功徳を意味するようになった。曇鸞大師は諸仏・諸菩薩がみな二種の法身を具えていると説いた。
菩薩乗《ぼさつじょう》なり　「浄土宗大意」には「四乗の中には仏乗なり」とある。
頓教《とんぎょう》　速やかに仏果をうることのできる教え。
漸教《ぜんぎょう》　果てしない期間の修行によって漸《ぜん》次《じ》さとりをうる教え。
法滅百歳《ほうめつひゃくさい》　末法《まっぽう》万年の後、仏法が消滅してから百年のあいだ。

(三十)「性信御房」

——正嘉元年十月十日付の消息①

【現代語訳】

(第三十通)

すでに信心をえた人は、さとりへと定まった正定聚《しょうじょうじゅ》の位に必ず身を置くゆえに、「等正覚《とうしょうがく》の位」と申します。『大無量寿経《だいむりょうじゅきょう》』では、摂取不捨《せっしゅふしゃ》の利益《りやく》に定まった者を「正定聚」と名づけ、『無量寿如来会《むりょうじゅにょらいえ》』では「等正覚」と説かれています。呼び方こそ違いますが、「正定聚」と「等正覚」は同じ内容、一つの位です。等正覚と申す位は、補処《ふしょ》の弥勒菩薩《みろくぼさつ》と同じ位です。弥勒と同様に、このたび無《む》上覚《じょうかく》に至ることが決まっているゆえに、「弥勒におなじ」と説かれます。

さて、『大経《だいきょう》』には、「次《つ》いで弥勒のごとし」とおっしゃいます。弥勒菩薩は、すでに仏《ぶつ》に近いところにいらっしゃるので、「弥勒仏」と、諸宗で言い習わしています。ですから、弥勒菩薩と同じ位ということで、「正定聚の人は、如来とひとしい」とも申すのです。浄土を願う真実信心の人は、この身こそ、あさましい不浄《ふじょう》・造悪《ぞうあく》の身ではあるが、信の心はすでに如来とひとしいから、「如来とひとしい」と申すこともできるのだとご承知下さい。弥勒はすでに、無上覚に、心が定まっていらっしゃるゆえに、「三会《さんね》の暁《あかつき》」ということを申します。浄土を真実と仰《あお》ぐ人も、この心を心得て下さい。

光明寺《こうみょうじ》の和尚《かしょう》（善導）の『般舟讃《はんじゅさん》』には、「信心の人は、その心は、すでに常に浄土に住む」と解説していらっしゃいます。「住む」というのは、信心の人の心は、常に浄土に居るというのです。これは「弥勒とおなじ」という心を述べたものです。これは等正覚という点で、弥勒菩薩と同じということから、「信心の人は如来とひとしい」と申す心です。

正嘉《しょうか》元年丁巳《ひのとのみ》十月十日　親鸞

性信房殿《しょうしんぼう》

【解　説】

正嘉元年十月十日付、聖人八十五歳のときの消息です。「如来とひとし」というお言葉について、「弥勒におなじ」という言葉と合わせて、詳しく解説していらっしゃいます。弥勒菩薩に関しては、「三会の暁」ということに言及しています。「三会の暁」とは、「龍華三会《りゅうげさんね》」とも言われ、諸経に見られる内容です。

衆生済度に備えて兜率天で思惟《しゆい》考究の限りを尽くしていた弥勒菩薩が、時節到来、人間界に降って龍華樹《りゅうげじゅ》のもとでさとりを開き、三度説法して人々を救済するという内容です。聖人が、どういうお心で「龍華三会」ということを味わわれたかということを窺ってみますに、『歎異抄』の第四条にある「浄土の慈悲」という言葉と重なってくるように感じます。

「浄土の慈悲」とは、「聖道の慈悲」に対比して述べられるもので、娑婆世界の荒波のなかにあって、生きとし生ける者を憐れみ育《はぐく》んで、衆生済度を、文字どおり身をもって実践するのが聖道の慈悲であるのに対して、この世での慈悲活動の限界をさとって、娑婆では念仏中心の生活を送り、お念仏を伝えて、自他ともに浄土に生まれることを期して、速やかに浄土で仏となり、また菩薩にもどり、一切衆生を思いのままに救ってゆく、それが浄土の慈悲です。

比叡山で『法華経《ほけきょう》』をはじめとする諸経を学び、二十年間にわたって真剣に大乗菩《だいじょうぼ》薩道《さつどう》を求められた聖人ですから、衆生済度（菩薩行）へのこだわりは、人一倍強くあられたにちがいありません。それだけに、念仏の道は、現世ではひたすら黙するかのごとく、無能な者のための消極的な教えに見えるかもしれないが、実は、真の大慈悲に通ずる一貫した道であり、大乗菩薩道の真骨頂《しんこっちょう》なのだとの確信がおありだったのではないでしょうか。

そして『無量寿経』にある「次いで弥勒のごとき者なり（この世界から浄土に生まれる不退の菩薩は、諸仏を手助けすることにおいて、弥勒に匹敵するものである）」とのご文を根拠に、未来への大いなる希望とともに、浄土の大菩提心を、控えめながらも顕揚《けんよう》されたものと拝察します。

【原　文】

信心を　えたるひとは　かならず　正定聚《しょうじょうじゅ》のくらゐに　住するがゆへに　等《とう》正覚《しょうがく》の位と申《もうす》なり　大無量寿経《だいむりょうじゅきょう》には　摂取不捨《せっしゅふしゃ》の利益《りやく》に　さだまるものを正定聚となづけ　無量寿如来会《むりょうじゅにょらいえ》には　等正覚と　ときたまへり　その名こそかはりたれども　正定聚　等正覚は　ひとつこころ　ひとつくらゐなり　等正覚とまふすくらゐは　補処《ふしょ》の弥勒《みろく》と　おなじくらゐなり　弥勒とおなじく　このたび　無上覚《むじょうかく》に　いたるべきゆへに　弥勒におなじと　ときたまへり　さて　大経《だいきょう》には　次如弥勒《しにょみろく》とは　まふすなり　弥勒は　すでに　仏《ぶつ》にちかくましませば　弥勒仏と　諸宗のならひは　まふすなり　しかれば　弥勒におなじくらゐなれば　正定聚の人は　如来とひとしとも申なり　浄土の　真実信心の人は　この身こそ　あさましき　不浄造悪《ふじょうぞうあく》の身なれども　心《こころ》はすでに　如来とひとしければ　如来とひとしと　まふすことも　あるべしと　しらせたまへ

弥勒はすでに　無上覚に　その心《しん》さだまりて　あるべきにならせたまふにより
て　三会《さんね》のあかつきと　まふすなり　浄土真実のひとも　このこころを　ここ
ろうべきなり　光明寺《こうみょうじ》の和尚《かしょう》の　般舟讃《はんじゅさん》には　信心のひとは　その心《しん》　すで
につねに　浄土に居《こ》すと　釈《しゃく》したまへり　居すといふは　浄土に　信心のひと
のこころ　つねにゐたりと　いふこころなり　これは　弥勒とおなじといふこ
とを　まふすなり　これは　等正覚を　弥勒とおなじと申によりて　信心のひ
とは　如来とひとしと　まふすこころなり

正嘉《しょうか》元年丁巳十月十日　親鸞

性信御房《しょうしんのおんぼう》

（三十一）「真仏御房」

——正嘉元年十月十日付の消息②

【現代語訳】

（第三十一通）

これは経典のお言葉です。『華厳経《けごんぎょう》』に「信心歓喜者、与諸如来等《しんじんかんぎしゃ、よしょにょらいとう》（信心歓喜せば、もろもろの如来とひとし）」（意）という文言がありますが、「信心をよろこぶ人は、もろもろの如来とひとしい」というのです。「もろもろの如来とひとしい」というのは、信心をえて大きなよろこびに満たされた人は、釈尊のお言葉では、「見て敬い、得て、大いに慶《よろこ》ぶ身となれば、すなわちわが親しき友である」（『大経』）と説いていらっしゃいます。また阿弥陀仏の十七願には、「あらゆる方向の世界の量《はか》り知れない数の仏がたが、ことごとくほめたたえて、わが名を称することがないようならば、仏のさとりをうることはない」とお誓いです。その願の成就文《じょうじゅもん》には、「あまたの仏がたにほめられ、およろこび下さる」と見えます。少しも疑うべきことではありません。以上、「如来とひとしい」ということを示すご文《もん》を挙げてみました。

正嘉《しょうか》元年丁巳《ひのとのみ》十月十日　親鸞

真仏房《しんぶつぼう》殿

【解　説】

第三十通と同じ、正嘉元年十月十日付の消息です。「如来とひとし」ということに関する真仏房からの質問に、根拠を挙げてお答えになった一通です。同日付の性信房宛の消息も同様ですが、この時期、門弟たちのあいだでは「如来とひとし」という言葉への関心が非常に高かった様子が窺えます。締めくくりの部分に、「すこしも　うたがふべきにあらず（少しも疑うべきことではありません）」とあることから推測すると、真仏の質問は、少し腑《ふ》に落ちないとの声があるので、根拠のご文をお教え下さいというものだったのかも知れません。真仏房は、翌正嘉二年の三月八日に五十歳で亡くなったので、真仏にとっては、聖人から届いた最後の書簡となりました。

【原　文】

これは　経《きょう》の文《もん》なり　華厳経《けごんぎょう》に言《いわく》　*信心歓喜者《しんじんかんぎしゃ》　与諸如来等《よしょにょらいとう》といふは　信心よろこぶひとは　もろもろの　如来とひとしと　いふなり　もろもろの　如来とひとしといふは　信心をえて　ことによろこぶひとは　釈尊のみことには　見敬得大慶《けんきょうとくだいきょう》　則我善親友《そくがぜんしんぬ》と　ときたまへり　また弥陀の　第十七の願には　十方世界《じっぽうせかい》　無量諸仏《むりょうしょぶつ》　不悉咨嗟《ふしつししゃ》　称我名者《しょうがみょうしゃ》　不取正覚《ふしゅしょうがく》と　ちかひたまへり　願成就《がんじょうじゅ》の文には　よろづの仏《ぶつ》に　ほめられ　よろこびたまふと　みえたり　すこしも　うたがふべきにあらず　これは　如来とひとしといふ文ども　あらはし　しるすなり

正嘉《しょうか》元年丁巳十月十日

真仏御房《しんぶつのおんぼう》

親鸞

【語　釈】

信心歓喜者与諸如来等《しんじんかんぎしゃよしょにょらいとう》　『華厳経』の「入《にゅう》法界品《ほっかいぼん》」には「聞此法歓喜《もんしほうかんぎ》　信心無疑者《しんじんむぎしゃ》　速成無上道《そくじょうむじょうどう》　与諸如来等《よしょにょらいとう》（この法を聞きて歓喜し、信心無疑ならば、速やかに無上道を成じて、もろもろの如来と等しからん）」とある。この文を宗祖は「この法を聞きて、信心を歓喜して疑ひなき者は、速やかに無上道を成らん。もろもろの如来と等し」と訓《よ》まれ（本典信巻）

現生正定聚《げんしょうしょうじょうじゅ》を味わわれた。

（三十二）「浄信御房　御返事」

――推定正嘉元年の消息（十月二十一日付）

【現代語訳】

（第三十二通）

お尋ねの件ですが、まことに結構なご質問かと存じます。まことの信心をえた人は、すでに仏《ぶつ》になるべき身とおなりあそばしたゆえに、「如来とひとしい人」と経典（『華厳経』）に説かれます。弥勒菩薩《みろくぼさつ》は、いまだ仏におなりになったわけではないけれども、このたび、必ず必ず仏におなりになる方であるから、すでに「弥勒仏」とお呼びするのです。その意味で、真実信心をえた人についても「如来とひとしい」と仰《おお》せられたのです。

また承信房《じょうしんぼう》が、「弥勒とひとしい」とおっしゃるのも、まちがいではありませんが、「他力によって信をえてよろこぶ心は如来とひとしい」とおっしゃることに対して、自力であると、おっしゃるとすれば、いま少し承信房のお心の底、行きつかぬように思われます。よくよくお味わいを深められるべきではないでしょうか。自力の心で、わが身は如来とひとしいとおっしゃるようなら、まことによくないことでしょうが、他力の信心のいわれから、浄信房《じょうしんぼう》の喜んでいらっしゃることが、どうして、自力なのでしょうか。よくよくお考え下さい。この詳細は、上洛した人々に、お伝え申しておきました。承信房殿、お尋ねになりますよう。あなかしこ　あなかしこ

十月二十一日　親鸞

浄信房殿へ御返事

【解　説】

年号は付されていません。「如来とひとし」ということに関する浄信房からの問いに

お答えになった返信です。第二十二通で取り上げた建長八年二月十二日付の浄信の書簡に、すでに「如来とひとし」ということについての自身の領解が語られていました。今回は浄信の書簡は残っていませんので、どのような質問であったのか詳細はわかりませんが、聖人の返信の内容は、「如来とひとし」ということの解説であることから、そのことに関する質問であったようです。第二十四通で取り上げた五月五日付の浄信宛の返信では、知識的な理解にかたよっているとして、はからいを誡めていらっしゃいましたが、今回は、とてもよい質問であるとほめていらっしゃいます。関東の同朋のなかで、そのことが大きな話題になってきた時期に、浄信も、確認の意味もあって、改めてこのことを質問し、また聖人も、時宜《じぎ》にかなったよい質問と受け取られたのでしょう。以上の点から、本消息は正嘉元年の執筆と推定します。

本消息の後半に、承信房という別のお弟子についての記述があります。浄信房が口にした「如来とひとし」という言葉に、疑問を持ったようです。手紙文では異例のことですが、聖人は、承信房の名をわざわざ挙げて、呼びかけていらっしゃいます。「このやうは　この人々に　くはしう申て候　承信の御房　といまいらせさせ給べし（この詳細は、上洛した人々に、お伝え申しておきました。承信房殿、お尋ねになりますよう）」とあります。時を超えて、聖人の人柄やまごころが伝わってくるように感じます。

【原　文】

たづね　おほせられて候事《そうろうこと》　返々《かえすがえす》　めでたう候　まことの信心を　えたる人は　すでに　仏《ぶつ》にならせ給《たまう》べき　御《おん》みとなりて　おはしますゆへに　如来とひとしき人と　経《きょう》に　とかれ候なり　弥勒《みろく》は　いまだ仏に　なりたまはねどもこのたび　かならずかならず　仏に　なりたまふべきによりて　みろくをばすでに弥勒仏と　申候《もうしそうろう》なり　その定《じょう》に　真実信心を　えたる人をば　如来とひとしと　おほせられて候也《そうろうなり》　又　承信房《じょうしんぼう》の　弥勒とひとしと候も　ひが事《こと》には候《そうら》はねども　他力によりて　信をえて　よろこぶこころは　如来とひとしと候を　自力なりと　候覧《そうろうらん》は　いますこし　承信房の　御《おん》こころのそこのゆきつかぬやうに　きこへ候こそ　よくよく　御《ご》あん（案）候べくや候覧　自力のこ

ころにて　わがみは如来とひとしと　候らんは　まことに　あしう候べし　他力の信心のゆへに　浄信房《じょうしんぼう》の　よろこばせ給《たまい》候《そうろう》らんは　なにかは　自力にて候べき　よくよく　御《おん》はからい候べし　このやうは　この人々に　くはしう申て候　承信の御房《おんぼう》　といまいらせさせ給べし　あなかしこ　あなかしこ

十月二十一日　親鸞

浄信御房《じょうしんのおんぼう》　御返事

（三十三）慶信への返信

――正嘉二年十月二十九日付添え状のある消息

【現代語訳】

（第三十三通）

〔慶信の書簡〕

畏《かしこ》まって申し上げます。

〔大無量寿〕経《きょう》に「信心歓喜《しんじんかんぎ》（「嘉」を「喜」と訂正）」とございます。〔華厳経を引いて浄土〕和讃《わさん》にも、「信心よろこぶその人を　如来とひとしと説きたまふ大信心は仏性《ぶっしょう》なり　仏性即《すなわ》ち如来なり」と仰《おお》せられていますのに、専修《せんじゅ》の人のなかに、心得ちがいをなさったものか、「信心よろこぶ人を如来とひとしいと同《どう》行《ぎょう》たちの言っているのは自力である。真言《しんごん》にかたよっている」と、申す人があるのですが、その真意は量《はか》りかねるものの、言上《ごんじょう》します。

また「真実信心うる人は　即ち定聚《じょうじゅ》のかずに（「かずの」とあるのを訂正）入《い》る不退《ふたい》の位に入りぬれば　必ず滅度《めつど》をさとらしむ」（『浄土和讃』）とございますが、「滅度をさとらしむ」とございますのは、このたびこの身が終わるときに、真実信心の行者《ぎょうじゃ》の心《しん》が報土《ほうど》に到りましたならば、寿命無量《じゅみょうむりょう》をよりどころとして、光《こう》明無量《みょうむりょう》のお徳のはたらきが身に添って下さるので、如来の心光《しんこう》と一味《いちみ》となります。それゆえに「大信心は仏性なり　仏性は即ち如来なり」（同）と仰せられたと拝察します。これは十一・十二・十三のお誓いと心得られます。罪悪のわれらのために起こして下さった大悲《だいひ》のお誓いの、たのもしく、もったいなく感じられるうれしさ、心《こころ》も及ばず、言葉も絶えて、申し尽くすことは、到底できません。始まりもない遙かな昔から、過去世《かこせ》には何度も、恒河《ごうが》の砂の数ほどの諸仏が世に出現したみもとで、大菩提心《だいぼだいしん》（「自力の菩提心」とあるのを改める）を起こしたけれども、自力（「さとり」とあるのを改める）かなわず、二尊《にそん》（釈迦・弥陀）のご方便にもよおされて、雑行雑修《ぞうぎょうざっしゅ》、自力疑心の思いが取れました。無礙光如来《むげこうにょらい》の摂取不捨《せっしゅふしゃ》の御《おん》あわれみのゆえに、疑心なくよろこび申して、一念《いちねん》までの（「一念するに」とあるのを改める）往生が定まって、誓願不思議と心得られましたからには、聞いたり見たりしますに（「聞き見るに」とあるのを改める）飽《あ》き足ることのない浄土の聖教《しょうぎょう》（「御教」とあるのを改める）も、知識にお会い申したいと思うことも、摂取不捨も、信も、念仏も、人のためと思えるようになりました。

今こうして師主《ししゅ》のみ教えのゆえ（「教によって」とあるのを改める）肝要《かんよう》を抜き出してお心のあり方をうかがいますことで、願意《がんい》をさとり、直道《じきどう》を求めえて、まさしき真実報土に参れますこと、このたび一念・聞名《もんみょう》に至るまで（「一念にとげます」とあるのを改める）うれしさ、ご恩の至り、その上で『弥陀経義集《みだきょうぎしゅう》』を拝読しますと、不完全ながら、明らかに感ぜられます。

しかるに、世間のあわただしさに紛《まぎ》れて、一時《いっとき》、あるいは二時《ふたとき》、三時《みとき》と怠ることはありますが、昼夜に忘れることなく哀《あわ》れんで下さることをよろこぶ業力《ごうりき》にまかせて、行住坐臥《ぎょうじゅうざが》に、時・所の不浄《ふじょう》をもかいつくろわず、ひとえに金剛《こんごう》の信心のもよおしであって、仏恩《ぶっとん》の深さ、師主の恩徳《おんどく》（「御とく」とあるのを改める）のうれしさ、報謝のために、ただみ名をとなえるばかりであって、あえて日課とせず。かような日暮らしですが、誤りがございますでしょうか。一生の大事、これに過ぎるものはございません。誤りがあるようなら、よくよく細《こま》かに仰せを蒙《こうむ》りたく、思いのたけを記して申し上げました。

そもそも京に、久しく留まりながら、忙しさにかまけて、心の落ちつくひまもなかったことが悔やまれまして、改めて、何としても参上して、心静かに、せめて五日は、みもとに滞在できればなあと、願っております。噫《ああ》（「ああ」とあるのを改める）かくも親しく申せますのも、ご恩のちからです。

進上　聖人のみもとへ　蓮位房《れんいぼう》殿、お取り次ぎ下さい。

慶信《きょうしん》上《たてまつ》る［花押］

十月十日

（以上、加筆・修正は聖人による）

追って申し上げます。

念仏を申している人々のなかに、「南无阿弥陀仏《なもあみだぶつ》」ととなえるあいまには、「無礙光如来」ととなえ申す人もあります。これを聞いて、ある人が、「南无阿弥陀仏ととなえた上に、帰命尽十方無礙光如来《きみょうじんじっぽうむげこうにょらい》とおとなえ申すことは、畏《おそ》れ慎《つつし》むべきことではないか。わざとらしく感じられる」と申しているようですが、どのように考えれば宜《よろ》しゅうございましょうか。

〔聖人の返信〕

「南无阿弥陀仏をとなえた上に無礙光仏と申すのは、よからぬこと」とおっしゃるようなら、それこそ、甚《はなは》だしい誤りと申し上げねばなりません。「帰命」は「南无」に他ならず、「無礙光仏（尽十方無礙光如来）」は、光明を表し、智慧《ちえ》を表します。この智慧は、阿弥陀仏の智慧です。阿弥陀仏のご様相をご存じでないので、そのご様相を、まちがいなく、しかと知らせようとのお心から、世親菩薩《せしんぼさつ》が、お力を尽くして表して下さったものです。これ以外に、気がついたところは、少々文字を直して差し上げました。

〔蓮位の添状〕

ご書信の内容、詳しく申し上げました。すべてこの内容に、相違ないと仰せられました。ただし「一念するに往生が定まって、誓願不思議と心得られ」と仰せにあるのを、「よいようではあるが、一念にとどまっている点が宜しくない」とおっしゃって、ご文《もん》の脇に、ご自筆で、宜しくないところに筆をお入れになりました。この蓮位に、「かく筆を入れよ」と仰せを蒙ったのですが、ご自筆は確かな証拠とお考えになるのではないかと思われましたので、折あしく、お咳《せき》のとまらぬ病《やまい》を患っていらっしゃったのですが、申し上げたのでした。

また上洛された人々が、国で、あるいは「弥勒《みろく》とひとしい」と言っている人々があって論議になっているとの由《よし》を申しておられましたが、その点について言及されたご文がありますので、書写してことづけます。ご覧になりますように。また「弥勒とひとしい」とありますのは、弥勒は等覚《とうがく》の分際《ぶんざい》です。これは因位《いんに》の立場です。これは十四夜《じゅうよや》、十五夜と月は満ちてゆきますが、すでに八日、九日となった月の、いまだ満ちていない段階を申します。これは自力修行の姿です。われらは信心決定《しんじんけつじょう》の凡夫《ぼんぶ》、位は正定聚《しょうじょうじゅ》です。これは因位です。等覚にあたります。あちらは自力、こちらは他力です。自力・他力の違いはありますが、因位の位はひとしいというのです。また弥勒の妙覚《みょうがく》のさとりは遅く、われらが滅度に至ることは速《すみ》やかであるというのです。かれは五十六億七千万年の後の暁《あかつき》を期し、こちらは竹膜《ちくまく》を隔てる程度です。かれは漸教《ぜんぎょう》・頓教《とんぎょう》のなかの頓教、こちらは頓教のなかの頓教です。滅度というのは、妙覚です。曇鸞《どんらん》の『註《ちゅう》』（往生論註）にいわく、「好堅樹《こうけんじゅ》という樹木があり、地下に百年間、潜在しているが、生長するときには、一日に百丈《じょう》も育つのである」と。この木が、地下に百年あるというのは、われらが娑婆世界《しゃばせかい》にあって、正定聚の位に身を置く時分です。一日に百丈育つというのは、滅度に至る時分です。それを譬《たと》えているのです。これは他力の様相です。松の生長するのは、年ごとに一寸に過ぎません。これは遅い譬え。自力修行の様子です。

また「如来とひとしい」というのは、煩悩《ぼんのう》を抱《かか》えた凡夫が、仏《ぶつ》の心光に照らされ申して信心歓喜します。信心歓喜するゆえに、正定聚の一員となります。信心というのは、智と言えます。この智は、他力の光明に摂取せられ申したゆえにうるところの智です。仏の光明も智です。それゆえに「おなじ」と言うのです。「おなじ」というのは、信心においてひとしいというのです。「歓喜地《かんぎじ》」というのは、信心をえて歓喜するのです。わが信心を歓喜するゆえに「おなじ」と言うのです。詳しくご自筆で記していらっしゃいますので、書き写して差し上げます。

また「南无阿弥陀仏」と申してさらに「無礙光如来」ととなえますことのご不審も、詳しくご自筆にて書面の傍《かたわ》らにご指南《しなん》あそばしました。したがって、そちらからのご書簡をお返しします。あるいは「阿弥陀」といい、あるいは「無礙光」と申し、み名は違えど、心は一つです。「阿弥陀」というのは、梵語《ぼんご》です。漢訳では「無量寿《むりょうじゅ》」とも言います。「無礙光」とも申します。梵語・漢語の違いはありますが、意味は同じなのです。

それにしても、覚信坊《かくしんぼう》のこと、ことのほか感慨深く、また尊くも思われます。

それと言うのも、信心がたがうことなく、終わりを迎えられたからです。それも繰り返し「信心の領解《りょうげ》やいかに」と何度も確かめましたが、今の今まで、不一致はまったくなく、いよいよ信心の内容は、はっきり感ずる由、おっしゃいました。上洛の途次、国もとを発って一日市《ひといち》に差しかかったとき、病状が現れたようですが、同行たちは、帰るようにとうながしたようですが、「死ぬほどのことならば、帰ったとしても死ぬし、一行に残ったとしても死ぬであろう、また病は、治るものならば、帰ったとしても治り、残ったとしても治るであろう、同じことなら、みもとでこそ、終われるものならば終わりたいと思って、参りました」と、到着後お語りになったことです。このご信心の姿は、まことにご立派と感じ入りました。善導和尚《ぜんどうかしょう》の釈《しゃく》（散善義）にある二河《にが》の譬喩《ひゆ》のことが思い合わされ、まことに誉《ほま》れと存じ、うらやましいとさえ思いました。いよいよ最期《さいご》というとき、「南无阿弥陀仏」「南无無礙光如来《なもむげこうにょらい》」「南无不可思議光如来《なもふかしぎこうにょらい》」ととなえられて、指を交えて合掌され、静かに終わられたことです。

また、死に遅れたり先立ったりの世のならい、深く嘆かれましょうとも、先立って滅度に至りましたならば、必ず最初に、浄土へ導こうとの誓いを起こして、縁の深い者、親族、朋友を導くとのことですから、しかるべく、同じ教えの門に身を置く者として、蓮位も、たのもしく思います。

また親となり、子となるのも、過去世からのちぎりと申しますから、たのもしくお思いになって下さい。この感慨、尊さ、筆舌《ひつぜつ》に尽くしがたく存じますので、以上にとどめます。どうすれば、この感動を、自らお伝え申すことができるのか。詳しくは、また追って、申し上げたく存じます。この書簡の内容を、御前にて、誤りがあってはと思って読み上げましたところ、「これにまさるものはない。申し分ないと存じます」と、仰せを蒙った次第です。ことに覚信坊のくだりで、涙をお流しあそばしたことです。深く感慨にふけっていらっしゃるご様子でした。

十月二十九日　　　　蓮位

慶信坊殿へ

【解　説】

慶信の質問と領解を述べた書状と追伸、聖人が追伸の余白に書き加えられた返信と、都の聖人に仕えていた蓮位の添え状を合わせて一通としたものです。慶信の書状と聖人の返信は真蹟が伝えられています。また慶信の書状には、聖人が直々に文字および文章に修正を加えられた筆跡が遺っています。年号はありませんが、添え状にある覚信房に関する記事と、他の消息からわかる覚信房の往生の年を考え合わせると、正嘉二年の消息と判断できます。聖人の返信そのものは、短いものですが、慶信の書状と蓮位の添え状には、それぞれの領解が、いきいきと述べられている点が特徴です。添え状からは、覚信房と慶信が親子であったことがわかります。人物の息づかいが感じられるような、具体的な記述も興味深く、覚信房が上洛の途中で病を発症したときのこと、都に着いた後に語った内容、さらには臨終のときの様子が、深い感動をもって綴られています。また蓮位房が自身の書いた添え状を御前で読んだときに、聖人が涙を流されたという記述も印象的です。

【原　文】

〔慶信の書簡〕

畏《かしこまりて》申《もうし》候《そうろう》

〔大無量寿〕経《きょう》に信心歓喜《しんじんかんぎ》（「嘉」を「喜」と訂正）と候　〔華厳経を引て浄土〕和《わ》讃《さん》にも　信心よろこぶ其人《そのひと》を　如来とひとしと説きたまふ　大信心は仏性《ぶっしょう》なり　仏性即《すなわち》如来なりと　仰《おお》せられて候に　専修《せんじゅ》の人の中に　ある人　心得ちがえて候やらん　信心よろこぶ人を　如来とひとしと　同行達《どうぎょうたち》の　のたまふは　自力なり　真言《しんごん》にかたよりたりと　申候《もうしそうろう》なる　人のうえを　可知《しるべき》に候《そうら》はねども　申候　また　真実信心うる人は　即《すなわち》定聚《じょうじゅ》のかずに入《い》る（「かずの入る」を訂正）不退《ふたい》の位に入りぬれば　必《かならず》滅度《めつど》をさとらしむと候　滅度をさとらしむと候は　此度《このたび》　此身《このみ》の終《おわり》候《そうら》はん時　真実信心の行者《ぎょうじゃ》の心《しん》　報土《ほうど》にいたり候《そうら》ひなば　寿命無量《じゅみょうむりょう》を体《たい》として　光明無量《こうみょうむりょう》の徳用《とくゆう》　はなれたまわざれば

如来の心光《しんこう》に一味《いちみ》なり　此故《このゆえに》　大信心は仏性なり　仏性は即《すなわち》如来なりと　仰せられて候やらん　是《これ》は　十一　二　三の御誓《おんちかい》と　心得られ候　罪悪の我等がために　おこしたまえる　大悲《だいひ》の御誓の　目出《めで》たく　あわれにましますうれしさ　こころもおよばれず　ことばもたえて　申《もうし》つくしがたき事　かぎりなく候　自無始曠劫《むしこうごうより》（「広劫」を訂正）以来《このかた》　過去遠々《かこおんおん》に　恒沙《ごうじゃ》の諸仏の　出世《しゅっせ》の所《みもと》にて　大菩提心《だいぼだいしん》（「自力の菩提心」とあるのを改める）おこすといえども自力（「さとり」とあるのを改める）かなはず　二尊《にそん》の御方便に　もよをされまいらせて　雑行雑修《ぞうぎょうざっしゅ》　自力疑心の　おもひなし　無碍光如来《むげこうにょらい》の　摂取不捨《せっしゅふしゃ》の御《おん》あわれみの故に　疑心なく　よろこびまいらせて　一念《いちねん》までの（「一念するに」とあるのを改める）往生　定《さだまり》て　誓願不思議と　心得候《こころえそうら》ひなむには　聞見《ききみ》候《そうろう》に（「聞見るに」とあるのを改める）あかぬ《（飽）》浄土の聖教《しょうぎょう》（「御教」とあるのを改める）も　知識にあいまいらせんと　おもはんことも　摂取不捨も　信も念仏も　人のためと　おぼえられ候　今師主《いまししゅ》の　御教《おんおし》への　ゆえ（「教によりて」とあるのを改める）心をぬきて　御《おん》こころむきを　うかがひ候によりて　願意《がんい》

をさとり　直道《じきどう》を　もとめえて　正《まさ》しき真実報土に　いたり候《そうら》はんこと　此度《このたび》一念聞名《いちねんもんみょう》にいたるまで（「一念にとげ候ひぬる」とあるのを改める）うれしさ御恩のいたり　其上《そのうえ》　弥陀経義集《みだきょうぎしゅう》に　おろおろ　明《あきらか》におぼへられ候　然《しかる》に世間のそうそうにまぎれて　*一時《いっとき》　若《もし》くは二時《ふたとき》　三時《みとき》　おこたるといえども　昼夜にわすれず　御《おん》あわれみを　よろこぶ業力《ごうりき》ばかりにて　行住座臥《ぎょうじゅうざが》に　時所《じしょ》の不浄《ふじょう》をも　きらはず　一向に　金剛《こんごう》の信心ばかりにて　仏恩《ぶっとん》のふかさ　師主の恩徳《おんどく》（「御とく」を改める）のうれしさ　報謝のために　ただみなを　となうるばかりにて　日《ひ》の所作《しょさ》とせず　此様《このよう》　ひがざまにか候らん　一期《いちご》の大事ただ　是《これ》にすぎたるはなし　可然者《しかるべくは》　よくよく　こまかに　仰《おおせ》を蒙《かぶ》り候はんとて　わづかに　おもふばかりを記して申上候《もうしあげそうろう》　さては　京に久《ひさしく》　候《そうらい》しにそうそうにのみ候《そうらい》て　こころしづかに　おぼえず候《そうらい》し事の　なげかれ候《そうらい》てわざと　いかにしても　まかりのぼりて　こころしづかに　せめては五日《いつか》　御《み》所《もと》に候《そうらわ》ばやと　ねがひ候也《そうろうなり》　噫《ああ》（「ああ」を改める）かうまで申候も　御恩のちからなり

進上《しんじょう》　聖人の御所《みもと》へ　連位御房《れんいのおんぼう》（ママ）申させ給《たま》へ

慶信《きょうしん》　上《たてまつる》［花押］

十月十日

追申上候《おってもうしあげそうろう》

念仏　申候人々の中に　南无阿弥陀仏《なもあみだぶつ》と　となへ候ひまには　無礙光如来《むげこうにょらい》と
となへまいらせ候《そうろう》人《ひと》も候　これをききて　ある人の　申候なる　南无阿弥陀
仏と　となへてのうへに　くゐみやう（帰命）尽十方無礙光如来《じんじっぽうむげこうにょらい》と　となへまいらせ候
ことは　おそれある事にてこそあれ　いまめがわしくと　申候なる　このやう
いかが候べき

〔聖人の返信〕

南无阿弥陀仏を　となえてのうへに　無礙光仏《むげこうぶつ》と申さむは　あしき事なりと
候なるこそ　きわまれる御《おん》ひがことと　きこえ候へ　帰命《きみょう》は　南無《なも》なり　無

礙光仏は　光明なり　智慧《ちえ》なり　この智慧は　すなわち阿弥陀仏　阿弥陀仏の御《おん》かたちを　しらせ給《たま》はねば　その御《おん》かたちを　たしかにたしかに　しらせまいらせんとて　世親菩薩《せしんぼさつ》　御《おん》ちからをつくして　あらわし給へるなり　このほかのことは　せうせう《（少々）》もじを　なをしてまいらせ候なり

〔蓮位の添状〕

この御《おん》ふみのやう　くわしくまふしあげて候　すべてこの御《おん》ふみのやう　たがはず候とおほせ候也　ただし　一念するに往生さだまりて誓願不思議とこころえ候と　おほせ候おぞ　よきやうには候へども　一念にとどまるところ　あしく候とて　御《おん》ふみのそばに　御自筆をもて　あしく候よしをいれさせおはしまして候　蓮位に　かくいれよと　おほせをかぶりて候へども　御自筆は　つよき証拠におぼしめされ候《そうらい》ぬとおぼえ候あひだ　おりふし　御《おん》がいびやう《（咳病）》にて御《おん》わづらひにわたらせたまひ候へども　まふして候也　また　のぼりて候《そうらい》し人々　くにに論じまふすとて　あるいは弥勒《みろく》とひとしとまふし候《そうろう》人々候《そうろう》よし

をまふし候《そうらい》しかば　しるしおほせられて候《そうろう》ふみの候　しるしてまいらせ候也　御覧あるべく候　また弥勒とひとしと候《そうろう》は　弥勒は等覚《とうがく》の分《ぶん》なり　これは因《いん》位《に》の分なり　これは十四　十五の月の　円満したまふが　すでに八日　九日の月の　いまだ円満したまはぬほどをまふし候也　これは　自力修行のやうなり　われらは　信心決定《しんじんけつじょう》の凡夫《ぼんぶ》　くらゐ　正定聚《しょうじょうじゅ》のくらゐなり　これは因位なり　これ等覚の分なり　かれは自力也　これは他力なり　自他のかわりこそ候へども　因位のくらゐは　ひとしといふなり　また　弥勒の妙覚《みょうがく》のさとりはおそく　われらが滅度にいたることはとく候《そうら》はむずるなり　かれは五十六億七千万歳《ざい》のあかつきを期《ご》し　これはちくまくをへだつるほどなり　かれは漸頓《ぜんとん》のなかの頓《とん》　これは頓のなかの頓なり　滅度といふは　妙覚なり　曇鸞《どんらん》の註《ちゅう》にいはく　樹《じゅ》あり　好堅樹《こうけんじゅ》といふ　この木　地《じ》のそこに百年わだかまりゐて　おう(生)るとき　一日に百丈《じょう》おい候なるぞ　この木　地のそこに百年候《そうろう》は　われらが娑婆世界《しゃばせかい》に候《そうらい》て正定聚のくらゐに住する分なり　一日に百丈おい候なるは　滅度にいたる分なり　これにたとへて候也　これは他力のやうなり　松の生長《しょうちょう》するは

としごとに寸《すん》をすきず　これはおそし　自力修行のやうなり　また如来とひとしといふは　煩悩成就《ぼんのうじょうじゅ》の凡夫　仏《ぶつ》の心光に　てらされまいらせて　信心歓喜す　信心歓喜するゆへに　正定聚のかずに住す　信心といふは智也《ちなり》　この智は他力の光明に摂取せられまいらせぬるゆへにうるところの智也　仏の光明も智也　かるがゆへに　おなじといふなり　おなじといふは　信心を　ひとしといふなり　歓喜地《かんぎじ》といふは　信心を歓喜するなり　わが信心を歓喜するゆへにおなじといふなり　くはしく御自筆にしるされて候を　かきうつしてまいらせ候　また南无阿弥陀仏とまふし　また無礙光如来ととなへ候《そうろう》御不審も　くわしく自筆に御消息《ごしょうそく》のそばにあそばして候也　かるがゆへに　それよりの御《おん》ふみをまいらせ候　あるいは阿弥陀といひ　あるいは無礙光とまふし　御名《みな》ことなりといゑども　心は一《ひとつ》なり　阿弥陀といふは　梵語《ぼんご》なり　これには無量寿《むりょうじゅ》ともいふ　無礙光ともまふし候　梵漢《ぼんかん》ことなりといゑども　心おなじく候也

そもそも覚信坊《かくしんぼう》の事　ことにあわれにおぼへ　またたふとくもおぼへ候　そのゆへは　信心たがはすして　おはられて候　また　たびたび信心ぞんぢ（存知）のやう

いかやうにかと　たびたびまふし候《そうらい》しかば　当時までは　たがふべくも候はず　いよいよ信心のやうは　つよくぞんずるよし　候《そうらい》き　のぼり候《そうらい》しに　くにをたちて　ひといち（一日市）とまふししとき　やみ（病）いだして候《そうらい》しかども　同行たちは　かへれなむどまふし候《そうらい》しかども　死するほどのことならば　かへるとも死し　とどまるとも死し候はむず　またやまひ（病）は　やみ（止）候《そうらは》ば　かへるともやみ　とどまるともやみ候はむず　おなじくは　みもとにてこそ　おはり候はばおわり候はめとぞんじて　まいりて候也と　御《おん》ものがたり　候《そうらい》し也　この御信心　まことに　めでたくおぼへ候　善導和尚《ぜんどうかしょう》の釈《しゃく》の　二河《にが》の譬喩《ひゆ》に　おもひあはせられて　よにめでたくぞんじ　うらやましく候也　おはりのとき　南无阿弥陀仏　南无無礙光如来《なもむげこうにょらい》　南无不可思議光如来《なもふかしぎこうにょらい》と　となえられて　てをくみて　しづかにおわられて候《そうらい》しなり　また　おくれさきだつためしは　あはれになげかしく　おぼしめされ候《そうろう》とも　さきだちて　滅度にいたり候《そうらい》ぬればかならず最初　引接《いんじょう》のちかひをおこして　結縁《けちえん》　眷属《けんぞく》　朋友《ぼうう》をみちびくことにて候なれば　しかるべく　おなじ法文《ほうもん》の門にいりて候へば　蓮位も　たのも

しくおぼへ候　また　おや（親）となりこと（子）なるも先世《せんぜ》のちぎりと　まふし候へば
たのもしくおぼしめさるべく候也　このあわれさ　たふとさ　まふしつくしが
たく候へば　とどめ候《そうらい》ぬ　いかにしてか　みづから　このことをまふし候べ
きや　くはしくは　なほなほ　まふし候べく候　このふみのやうを　御《おん》まへに
て　あしくもや候とて　よみあげて候へば　これにすぐべくも候はず　めでた
く候と　おほせをかぶりて候也　ことに　覚信坊のところに　御《おん》なみだを　な
がさせたまひて候也　よにあわれに　おもはせたまひて候也

十月二十九日　　蓮位

慶信御坊《きょうしんのおんぼう》へ

【語釈】

一時《いっとき》　現在の二時間。

（三十四）「自然」「法爾」のこと

——正嘉二年十二月十四日付の法語

【現代語訳】

（第三十四通）

「自然《じねん》」というのは、「自」はおのずからということ。行者《ぎょうじゃ》のはからいに用はない。「然」というのは、そのようにあらしめるという言葉です。そのようにあらしめるとは、行者のはからいに用はなく、如来のお誓いなのであるから、「法《ほう》爾《に》」と言います。「法爾」というのは、この、如来のお誓いであるから、そうあらしめるのを「法爾」と言うのです。「法爾」は、如来がお誓いになったのだから、およそ行者のはからいを交えない状態で、この法のお徳によって、そうあらしめるというのです。すべて人間が、今さらのごとく、はからうことではないのです。それゆえに「義なきを義とすと知るべし」とおっしゃいます。「自然」というのは、もとよりそうあらしめるという言葉なのです。阿弥陀仏のお誓いが、もとより行者のはからいは不要であって、「南无阿弥陀仏《なもあみだぶつ》」とまかせさせて、迎えようと取りはからっていて下さるゆえに、行者の側の善し悪《あ》しを、問題とされないのを「自然」と申すものと承《うけたまわ》っております。

お誓いの内容は、無上の覚者《かくしゃ》（無上仏）にまで育て上げようとお誓い下さったのです。無上の覚者には、決まった形というものがありません。決まった形がないからこそ、「自然のさとり」と申します。何か形があると示されるときは、「無《む》上涅槃《じょうねはん》」とは申せません。形のないさとりの様相を知らせるためにも、最初に「阿弥陀仏」（無量寿・無量光）と申し上げるのだと承っております。「阿弥陀仏」という名をもとに、「自然」のありさまを知らせて下さるのです。

この道理を心得た後《のち》には、この「自然」のことは、常に沙汰《さた》すべきではありません。常に「自然」を沙汰すると、「義なきを義とす」という言葉自体が、義のあるものとなってしまう。これは仏智《ぶっち》という、不思議の領域でありましょう。

正嘉《しょうか》二年十二月十四日

愚禿親鸞八十六歳

【解　説】

本消息は、弟子の顕智房が都で聖人の法話を聞き書きしたものがもととなっています。厳密には消息とは言えませんが、後にこれに手を加えたものが『末燈鈔』に収められて知られたことから、爾来《じらい》、消息としても扱われるようになりました。手を加えたのが聖人ご自身であるかどうかは詳《つまび》らかではありません。顕智の書写本との違いは、冒頭の「獲得《ぎゃくとく》」「名号」の註釈の部分が省略されているだけで、他の部分は、わずかな加減があるのみで、ほとんど変わりはありません。

内容的には、他の消息にも見られる「義なきを義とす」という法然上人のお言葉を述べて、凡夫のはからいを誡めるとともに、「法爾」という、他力を表す言葉としては耳なれない言葉を使って説いていらっしゃるのが特徴です。また「無上仏《むじょうぶつ》」というお言葉も、この法語にのみ見られる特異な表現です。お聖教を拝見すると、「無上覚」「無《む》上覚位《じょうかくい》」「無上仏道《むじょうぶつどう》」「無上仏果」という言葉が見えます。これらはともに仏のさとりを意味します。また法語の、すぐ後の説明の文章に「無上涅槃」とあります。「無上仏」は、無上覚者《むじょうかくしゃ》、すなわち無上覚をえた者と解釈できます。原文に「ちかひのやうは無上仏に　ならしめんと　ちかひたまへるなり」とある「無上仏」を、「この上ないほとけ」と解釈して、阿弥陀仏を指すとの見方も一部にありますが、「弥陀同体《みだどうたい》のさとりを開く」とは申しますが、「阿弥陀仏になる」という教えは、真宗にはありません。正直なところ、恐れ多いと感じますし、また実際にありえないことではないでしょうか。

【原　文】

自然《じねん》といふは　自は　をのづからといふ　行者《ぎょうじゃ》の　はからひにあらず　然といふは　しからしむといふことばなり　しからしむといふは　行者の　はからひにあらず　如来の　ちかひにてあるがゆへに　法爾《ほうに》といふ　法爾といふは

この　如来の　御《おん》ちかひなるがゆへに　しからしむるを　法爾は　この御ちかひなりけるゆへに　をよす　行者の　はからひのなきをもてこの法の徳のゆへに　しからしむといふなり　すべて　ひとのはじめて　はからはざるなり　このゆへに　義なきを義とすと　しるべしとなり　自然といふは　もとより　しからしむるといふことばなり　弥陀仏の御《おん》ちかひの　もとより　行者の　はからひにあらずして　南无阿弥陀仏《なもあみだぶつ》と　たのませたまひて　むかへんと　はからはせたまひたるによりて　行者の　よからんとも　あしからんとも　おもはぬを　自然とはまふすぞと　ききてさふらふ　ちかひのやうは無上仏《むじょうぶつ》に　ならしめんと　ちかひたまへるなり　無上仏とまふすは　かたちもなくまします　かたちもましまさぬゆへに　自然とは　まふすなり　かたちましますと　しめすときには　無上涅槃《むじょうねはん》とは　まふさず　かたちもましまさぬやうを　しらせんとて　*はじめて　弥陀仏《みだぶつ》とまふすとぞ　ききならひて　さふらふ　弥陀仏は　自然のやうを　しらせん　れう（料）なり　この道理を　こころえつるのちには　この自然のことは　つねにさたすべきには　あらざるなり

つねに　自然をさたせば　義なきを義とすといふことば*　なを　義のあるにな
るべし　これは　仏智《ぶっち》の不思議にて　あるなるべし

正嘉弐年《しょうかにねん》十二月十四日

愚禿《ぐとく》親鸞八十六歳

【語　釈】

*底本には、冒頭に「自縁法爾事《じねんほうにのこと》」という標題があるが、異本にはなく、後に付加されたものと判断して除いた。

はじめて弥陀仏《みだぶつ》とまふす　さまざまの名があるなかで最初に「阿弥陀仏」という名を示されるということか。

ことば　原文は「事は」とも「言葉」とも取れるが、文脈から後者と判断して濁点を打った。

（三十五）往相の廻向と一向専修

――推定正嘉二年以降の消息（日付なし）

【現代語訳】

（第三十五通）

安楽浄土《あんらくじょうど》に入り終えると、すなわち「大涅槃《だいねはん》をさとる」とも、「無上覚《むじょうかく》をさとる」とも、「滅度《めつど》にいたる」とも申し上げるのは、言い方は異なるようであるけれども、みな法身《ほっしん》と申す仏《ぶつ》のさとりをひらくべき正因《しょういん》として、阿弥陀仏のお誓いの法を、法蔵菩薩《ほうぞうぼさつ》がわれらに廻向《えこう》して下さるのを「往相《おうそう》の廻向」と申すのです。この廻向して下さる願を「念仏往生《ねんぶつおうじょう》の願」と申します。この念仏往生の願を、一筋に信じて二心《ふたごころ》がないのを「一向専修《いっこうせんじゅ》」と申すのです。「如来二種《にょらいにしゅ》の廻向」と申しますのは、この二種の廻向の願を信じ、二心のないのを「真実の信心」と申します。この真実信心のおこることは、釈迦・弥陀二尊《にそん》の御《おん》はからいによっておこったのだとご領解《りょうげ》下さい。あなかしこ　あなかしこ

【解　説】

宛名のない法語形式の短い消息です。前半部分では往相廻向の証果《しょうか》について述べ、後半部分は「如来二種の廻向」という言葉にちなんで、真実信心について述べておいでになります。年月日は記されていません。しかし仏のさとりをうることを、よく使われる「滅度にいたる」という表現以外に、「大涅槃をさとる」「無上覚をさとる」という言い方をしていらっしゃる点から、年号を推測できます。「大涅槃をさとる」という表現は、正嘉二年述の『尊号真像銘文《そんごうしんぞうめいもん》』の広本《こうほん》にのみあり、「無上覚をさとる」という表現も、同じく正嘉二年完成の『正像末和讃《しょうぞうまつわさん》』にのみあります。また「如来二種の廻向」という言葉も、『正像末和讃』にのみある言葉で、本消息で、それを取り上げて解説していらっしゃるわけです。したがって、正嘉二年以降の、近い時期の執筆と推定しま

す。

【原文】

安楽浄土《あんらくじょうど》に　いりはつれば　すなはち　大涅槃《だいねはん》をさとるとも　また無上覚《むじょうかく》を
さとるとも　滅度《めつど》にいたるともまふすは　御名《みな》こそ　かはりたるやうなれども
これみな　法身《ほっしん》とまふす仏《ぶつ》のさとりを　ひらくべき正因《しょういん》に　弥陀仏の御《おん》ちか
ひを　法蔵菩薩《ほうぞうぼさつ》　われらに廻向《えこう》したまへるを　往相《おうそう》の廻向と　まふすなり　こ
の廻向せさせたまへる願を　念仏往生《ねんぶつおうじょう》の願とは　まふすなり　この念仏往生
の願を　一向に信じて　ふたごころなきを　一向専修《いっこうせんじゅ》とは　まふすなり　如来《にょらい》
二種《にしゅ》の廻向と　まふすことは　この二種の廻向の願を信じ　ふたごころなきを
真実の信心とまふす　この真実の信心の　おこることは　釈迦弥陀の　二尊《にそん》の
御《おん》はからひより　おこりたりと　しらせたまふべし　あなかしこ　あなかしこ

（三十六）「唯信御坊　御返事」

――推定正元元年頃の消息（十月二十一日付）

【現代語訳】

（第三十六通）

人々からご要望の寄せられております「仏《ぶつ》の十二光《じゅうにこう》」について、書き記してそちらに送ります。詳しく書いてさしあげることはできかねますので、あらましを書き記しました。

詰まるところ、「無礙光仏《むげこうぶつ》」と申し上げるのを根本とお考え下されば宜《よろ》しいかと存じます。「無礙光仏」とは、さまざまな者の浅はかで悪いことにも遮《さえぎ》られることなくお助け下さるために、「無礙光仏」と申し上げるのだと、ご承知下され

ばと存じます。あなかしこ　あなかしこ

十月二十一日　　　　　　　親鸞

唯信坊殿《ゆいしんぼう》へ御返事

【解　説】

年号は付されていません。「十二光仏《じゅうにこうぶつ》」について、より詳しく書き記したものとしては、『弥陀如来名号徳《みだにょらいみょうごうとく》』があります。しかし本消息の段階では、いまだ執筆されてはいなかったようです。『弥陀如来名号徳』は、落丁のある写本が一本遺っているのみで、文応《ぶんおう》元年（一二六〇）、聖人八十八歳の十二月二日に書写したとあります。執筆の年はわかりませんが、書写の日付の時点から少し前の、そう遠くない時期であると考えられ、本消息も、それに近い時期のものと推測します。

【原　文】

ひとびとの　おほせられてさふらふ　十二光仏《じゅうにこうぶつ》の　御《おん》ことのやう　かきしるしてくだしまいらせ　さふらふ　くはしく　かきまいらせ　さふらふべきやうも　さふらはず　おろおろ　かきしるして　さふらふ　詮《せん》ずるところは　無《む》礙《げ》光仏《こうぶつ》と　まふしまいらせ　さふらふことを　本《ほん》とせさせたまふべく　さふらふ　無礙光仏は　よろづのものの　あさましき　わるきことには　さはりなくたすけさせたまはん料《りょう》に　無礙光仏とまふすと　しらせたまふべく　さふらふ　あなかしこ　あなかしこ

十月二十一日　　親鸞

唯信御坊《ゆいしんのおんぼう》　御返事

（三十七）「たかだの入道殿　御返事」

――正元元年閏十月二十九日付の消息

【現代語訳】

（第三十七通）

閏《うるう》十月一日のご書信、確かに拝見しました。覚念房《かくねんぼう》のこと、あれやこれやと懐《なつ》かしく思い出されます。親鸞は先に参らせてもらうことかと、待っておりましたのに、先立ってゆかれましたこと、申す言葉が見つかりません。去年先立たれた覚信房《かくしんぼう》が、必ず、必ず、待っておいでになることでしょう。必ず、必ず、ともにお浄土に参れるものと確信しておりますので、間に合わせの言葉は、必要もないと存じます。覚然房《かくねんぼう》の語っていらっしゃった安心《あんじん》のおもむきも、少しも愚老と変わらぬものでありましたので、必ず、必ず、同じ所へ、ともに参れるものと存じます。明年の、十月頃まで生きておりましたなら、今生《こんじょう》での再会も、きっとかないましょう。入道殿《にゅうどうどの》のお心も、少しもお変わりないようでありますから、先立ちましても、お待ち申していることでしょう。

皆さまのお志《こころざし》、確かに、確かに、賜りました。何ごとも、何ごとも、命のありますかぎりは、申し上げたく存じます。また仰《おお》せを被《こうむ》りたく存じます。このお便りを拝見できましたこと、ことに感慨深う存じます。なまじっか申すのも、不十分かと存じます。また追って、申し上げたく存じます。あなかしこ　あなかしこ

閏十月二十九日　　親鸞［花押］

高田《たかだ》の入道殿へ御返事

【解　説】

年号はありませんが、聖人の晩年において閏十月のあったのは正元《しょうげん》元年（一二五九）

のみで、聖人八十七歳のときの消息と知られます。覚信房とあるのは、上洛の途次で病を発症しながらも都にのぼり聖人のもとで命を終えた、あの覚信房のことです。去年往生したとあることから、覚信房の往生は、正嘉二年であることがわかります。

聖人の書簡としてはめずらしく、教えの内容にはほとんど触れていらっしゃいません。すでに往生した者も、生き残った者も、みな懐かしい念仏の仲間、また会える世界があるのだから、もはや言葉は必要ないと、感慨と喜びをもって述べていらっしゃいます。

【原　文】

閏《うるう》十月一日の御文《おんふみ》　たしかにみ候《そうろう》　かくねむばう（覚念房）の御事《おんこと》　かたがた　あはれに存候《ぞんじそうろう》　親鸞は　さきだちまいらせ候《そうら》はんずらんと　まちまいらせてこそ候《そうらい》つるに　さきだたせ給候事《たまいそうろうこと》　申《もうす》ばかりなく候　かくしんばう（覚信房）ふるとし（旧年）ごろは　かならず　かならず　さきだちて　またせ給候覧《たまいそうろうらん》　かならず　かな

らずまいりあふべく候へば　申におよばず候　かくねんばう（覚然房）の　おほせられて候やう　すこしも　愚老にかはらず　おはしまし候へば　かならず　かならず　一《ひとつ》ところへ　まいりあふべく候　明年の　十月のころまでも　いきて候はば　このよの面謁《めんえつ》　うたがいなく候べし　入道殿《にゅうどうどの》の　御《おん》こころも　すこしもかわらせ給《たま》はず候へば　さきだちまいらせても　まちまいらせ候べし　人々の御《おん》こころざし　たしかに　たしかに　たまはりて候　なにごとも　なにごともいのち候らんほどは　申べく候　又おほせを　かぶるべく候　この御《おん》ふみ　みまいらせ候こそ　ことに　あはれに候へ　中々申　候《なかなかもうしそうろう》も　おろ（疎）かなるやうに候　又々追申　候《またまたおってもうしそうろう》べく候　あなかしこ　あなかしこ

閏十月二十九日　　親鸞（花押）

たかだの入道殿　御返事《おんかえりごと》

（三十八）「善信八十八歳・乗信御房」

――文応元年十一月十三日付の消息

【現代語訳】

（第三十八通）

なんと申しても、去年今年と、老いも若きも、男も女も、多くの人々が各地で亡くなったであろうことを思うと、心が痛みます。ただし生死無常《しょうじむじょう》のことわり、詳しく如来（釈尊）が説いておいて下さることを思えば、おどろくべきことと考えてはなりません。

まず善信《ぜんしん》の領解《りょうげ》においては、臨終の善悪ということは申しません。信心が確かに定まった人は、疑いがないのであって、正定聚《しょうじょうじゅ》に身を置くものです。であればこそ、道理に暗くさとりの智慧《ちえ》のない者であっても、たたえられるような最後も可能なのです。如来の御《おん》はからいによって浄土に往生するとの由《よし》、人々に語っていらっしゃるのは、それに相違はありません。年来、皆さまに申してきた内容に、まったく相違ありません。決して学者のまねごとなどなさらずに、浄土往生を遂げて下さい。

故法然聖人《ほうねんしょうにん》は、「浄土宗の人は、愚者《ぐしゃ》になって往生するのだ」とおっしゃったこと、たしかに承《うけたまわ》りましたし、教養のない、身分の低い人々がお参りになったのをご覧になって、「往生が、定まることでしょう」とおっしゃって、微笑《ほほえ》まれたのをこの目で見ました。学者のようにふるまって、賢そうに見える人がお参りになった折には、「往生は、どうなることであろうか」と、確かに承りました。今でも思い当たるときがあります。人々の意見に惑《まど》わされずに、確かなご信心をえて、それぞれに、ご往生なさって下さい。

ただし、人に惑わされずとも、信心の定まっていない人は、正定聚に身を置くことなく、さまよっている人です。

乗信房《じょうしんぼう》に、このように申しましたことを、人々にもお伝え下さい。あなかしこ　あなかしこ

文応《ぶんおう》元年十一月十三日　　善信八十八歳

乗信房殿

【解説】

聖人八十八歳のときの消息です。年月日のわかるもののなかでは、もっとも晩年の消息です。冒頭に、二年続きで多くの人々が亡くなったとあるのは、正嘉二年から始まり翌正元元年（正嘉三年三月二十六日に改元）、さらに文応元年（正元二年四月十三日に改元）と続いた全国規模の大飢饉《だいききん》（正嘉の飢饉）による被害のことを述べたものです。聖人のご生涯のうちには、三度の大飢饉がありました。一度目は聖人九歳のときに起こった「養和《ようわ》の飢饉」です。都では人口の半数が失われたとも推測され、ご出家の契機の一つともなったと考えられるものです。二度目は、聖人五十七歳の頃から数年続いた「寛《かん》喜《ぎ》の飢饉」で、日本の人口の三分の一が失われたと言われるほどの被害でした。それに

関しては、寛喜三年（一二三一）、聖人五十九歳のときの記述が『恵信尼消息』に見えます。

聖人が熱にうなされながら三日間、床《とこ》に臥《ふ》されたことがありました。四日目の夜明け前、「それが本当であろう」と突然おっしゃったので、恵信尼さまが「うわごとですか」と聞かれると、それを否定して、「臥して二日目から『大経』を読み続けていたが、念仏の信心の他に何の心がかりがあるというのかと思い返して読むのをやめた」と語られたとあります。そのとき聖人は、かつて越後から関東へと移る途次で、悲惨な状況を目の当たりにして、衆生利益のために「三部経」を千回読もうと始めた後に、四五日でやめたときのことを思い出されたのでした。その年は、慢性的な飢餓に加えて、前々年（建暦二年）に各地で起こった水害や鎌倉に壊滅的な被害をもたらした前年の大地震の影響もあって、おそらくは関東一円が、疲弊の極に達していたと想像されます（夏には旱魃の害も加わります）。しかし、そのとき、お念仏に何の不足があるというのかと思い返してやめたことを振り返って、人間の執着心《しゅうじゃくしん》、自力の心根について省《かえり》みられたとあります。そして三度目が「正嘉の飢饉」です。この飢饉も、疫病《えきびょう》の蔓延《まんえん》とともに数年間続きました。それは聖人の最晩年の時期にあたります。

　このような大きな出来事があると、宗教者は、思想的に動揺したり、無力感にさいなまれたりということがあるものです。しかし本消息において聖人は、毅然とした言葉で、右往左往せずに、お念仏の道を信頼して、今までどおりに歩むようにと、ご自身の経験も踏まえて、門弟を励ましていらっしゃいます。

　なかほどに、「浄土宗の人は　愚者になりて往生す」という法然上人のお言葉を出していらっしゃいます。これと同じ趣旨の言葉は、『西方指南抄』に収まっている「浄土宗大意」という法語にも見えます。「聖道門の修行は、智恵（ママ）をきわめて生死をはなれ、浄土門の修行は、愚癡にかへりて極楽にむ（生）まる」とあります。どのような世にあっても、変わることのない、まさにお念仏の教えの真髄《しんずい》を表す言葉として、聖人ご自身が、深く味わっていらっしゃったお言葉ではないでしょうか。

【原　文】

なによりも　こぞ《（去年）》ことし　老少男女《ろうしょうなんにょ》　おほくのひとびとの　死《しに》あひて候《そうろう》らん
ことこそ　あはれに候《そうら》へ　ただし　生死無常《しょうじむじょう》のことはり　くはしく　如来の
ときをかせおはしまして候《そうろう》うへは　おどろきおぼしめすべからず候　まづ
善信《ぜんしん》が身には　臨終の善悪をば　まふさず　信心決定《しんじんけつじょう》のひとは　うたがひな
ければ　正定聚《しょうじょうじゅ》に　住することにて候なり　さればこそ　愚痴《ぐち》無智《むち》の人も
をはりもめでたく候へ　如来の御《おん》はからひにて　往生するよし　ひとびとに
まふされ候《そうらい》ける　すこしも　たがはず候なり　としごろ　をのをのに　申し
さふらひしこと　たがはずこそ候へ　かまへて　学生沙汰《がくしょうざた》せさせたまひ　さ
ふらはで　往生を　とげさせたまひ　さふらふべし　故法然聖人《ほうねんしょうにん》は　浄土宗
の人は　愚者《ぐしゃ》になりて往生すと　候《そうらい》しことを　たしかに　うけたまはり候《そうらい》し
うへに　ものもおぼえぬ　あさましきひとびとのまいりたるを　御覧じては

往生《おうじょう》必定《ひつじょう》すべしとて　ゑ（笑）ませたまひしを　みまいらせ　さふらひき　文沙汰《ふみざた》して　さかさかしきひとの　まいりたるをば　往生は　いかがあらんずらんとたしかに　うけたまはりき　いまにいたるまで　おもひあはせられ候なり　ひとびとに　すかされさせたまはで　御信心　たぢろかせたまはずして　をのをの　御往生　候べきなり　ただし　ひとに　すかされさせたまひ候はずとも信心のさだまらぬ人は　正定聚に住したまはずして　うかれたまひたる人なり乗信房《じょうしんぼう》に　かやうに申し候やうを　ひとびとにも　申され候べし　あなかしこ　あなかしこ

文応《ぶんおう》元年十一月十三日　　善信八十八歳

乗信御房《じょうしんのおんぼう》

（三十九）「いまごぜんのははに」

――最晩年の消息（十一月十一日付）

【現代語訳】

（第三十九通）

常陸《ひたち》の人々に、直接この書簡をお見せになって下さい。いささかも相違ありません。この書簡にまさるものはありませんから、この書簡を、お国の人々も、同じお心で受け止めて下さることでしょう。あなかしこ　あなかしこ

十一月十一日　［花押］

いま御前《ごぜん》の母へ

【解　説】

真蹟が伝えられています。年号は記されていませんが、筆跡の乱れから最晩年の消息と推定されます。宛名の「いま御前の母」という人物に関しては、伝承がなく、定かではありません。遠く都の地にあって、聖人が気に掛けていらっしゃった常陸在住の人物であるようです。

【原　文】

ひたちの人々の御中《おんなか》へ　このふみを　みせさせ給《たま》へ　すこしも　かはらず　候《そうろう》
このふみに　すぐべからず候《そうら》へば　このふみを　くにの人々　おなじこころに
候《そうら》はんずらん　あなかしこ　あなかしこ

十一月十一日　　［花押］

いまごぜんのはヽに

（四十）「ひたちの人々の御中へ」

——最晩年の消息（十一月十二日付）

【現代語訳】

（第四十通）

このいま御前《ごぜん》の母は、身を寄せるところもなく、土地でも持っておりましたなら、譲りもするのですが、善信《ぜんしん》が死にましたなら、お国の人々、不憫《ふびん》に思って、手を差しのべて下さい。この書簡を書き送る常陸《ひたち》のみなさまをたのみと思っておりますので、言い聞かせて、情けをかけて下さるようにと存じます。この書簡をご覧になって下さい。このそくしょう房も、生活の術《すべ》も知らぬ者でありますから、言い置くことすらできません。世間に適応できないということ、わびしいことは、ただこのこと、誰でも同じです。ですから、このそくしょう房にも、何も言い聞かせてはおりません。常陸のみなさまだけが、この者たちをも、哀《あわ》れんで下さることでしょう。不憫に思って、みなさま、手を差しのべて下さい。この書簡にて、みなさまが同じお気持ちになりますようにと念じます。あなかしこ　あなかしこ

十一月十二日　　ぜんしん［花押］

常陸の人々の御中《おんなか》へ

【解　説】

真蹟が伝えられています。第三十九通で「常陸の人々に直接この書簡をお見せするように」と「いま御前の母」に伝えている、その書簡です。消息のなかに出てくる「そくしょう房」という人物についても、伝承はありませんが、後世に鹿島の順信《じゅんしん》が覚恵《かくえ》にあてた書状（「信海書状」）に名前が見えます。「そくしやうの御房の御けうやうれう《（孝養料）》」

云々とあって、葬儀のときに集まった懇志の残りを大谷廟堂の管理資金として寄付する旨を述べたもののようです。順信が中心となって、聖人の願いのとおり、みなで生活を支えていたことが窺えます。なお文面から「いま御前の母」や「そくしょう房」が、聖人の身内ではないかとの憶測もなされますが、聖人の一族は、覚信尼は都に、あとの方はみな越後に住んでおり、それは考えにくいと思います。ただし「いま御前の母」は、かつての乳母《めのと》、「そくしょう房」はその子で、猶子という推測なら成り立つように思います。しかし裏付けとなる資料はなく、定かではありません。

ところで、本消息は、署名が「ぜんしん」となっています。他の消息で署名が「善信」とあるのは、文応元年十一月十三日付の一通のみです。聖人のお名前については、変遷があるなかで、どこかはっきりしない点が残るとの感がありますが、存覚上人《ぞんかくしょうにん》の『六要鈔《ろくようしょう》』によって詳細を知ることができます。まず基本として押さえておくべきことは、総じて日本人は、実名《じつみょう》と仮名《けみょう》の二つを持ち、使い分けていたという歴史的な事情です。これは僧侶の世界も同様で、実名（法名）の他に公名や房号《ぼうごう》（坊号）などの仮名を持ち、実名は避けて仮名で呼び合うのが一般的となっていました。

『教行信証』『歎異抄』『六要鈔』に基づいて整理すると、まず法然門下での名（法名）は「綽空《しゃっくう》」であって、実名・仮名を兼ねていた。後に夢の告げで、これを「善信」と改め、師の法然上人の許可も得た（同じく仮名を兼ねていた）。そして流罪にあたって「藤井善信《ふじいのよしざね》」という俗名《ぞくみょう》を与えられたが、赦免《しゃめん》の後、かつての「善信」という法号《ほうごう》を仮名として、「親鸞」という新たな諱《いみな》（実名）を正式に名告った。さらに「非僧非俗《ひそうひぞく》」の心を表すために「禿《とく》」という姓を付け（すなわち「禿親鸞」が公式名）、著作や写本には「愚禿親鸞」「愚禿釋親鸞」等と署名した、ということです。

なお、「七箇条起請文《しちかじょうきしょうもん》」の原本では「僧綽空」と署名なさった部分が『西方指南抄』では「善信」となっていますが、綽空という昔の名を知らない門弟も多いことから、編集の段階で、書き替えられたものと拝察します。起請文には実名で署名するのが原則なので、夢告《むこく》による改名は「親鸞」ではなく「善信」であったことは明らかです。

【原文】

この　いまごぜんのははの　たのむかたもなく　そらう《（所領）》を　もちて候《そうら》はばこそ
ゆづりもし候はめ　ぜんしに《（善信死に）》候《そうらい》なば　くにの人々　いとをしふ　せさせたま
ふべく候《そうろう》　このふみをかく　ひたちの人々を　たのみまいらせて候へば　申《もうし》
をきて　あはれみあはせたまふべく候　このふみを　ごらんあるべく候　この
そくしやうばう《（そくしょう房）》も　すぐべきやうも　なきものにて候へば　申おくべきやうも
候はず　み《（身）》のかなはず　わびしう候ことは　ただこのこと　おなじことにて候
ときに　このそくしやうばうにも　申をかず候　ひたちの人々ばかりぞ　この
ものどもをも　御《おん》あはれみあはれ候べからん　いとをしう　人々　あはれみお
ぼしめすべし　このふみにて　人々　おなじ御《おん》こころに候べし　あなかしこ
あなかしこ

十一月十二日

ぜんしん［花押］

ひたちの人々の御中《おんなか》へ

（四十一）「しのぶの御房の御返事」

——年不詳の消息①（十月六日付）

【現代語訳】

（第四十一通）

尋ねておいでになります「摂取不捨《せっしゅふしゃ》」についてですが、『般舟三昧行道往生《はんじゅざんまいぎょうどうおうじょう》讃《さん》』というご著述の内容を拝見しますと、「釈迦如来と阿弥陀仏は、われらにとっての慈悲《じひ》の父母《ぶも》であって、さまざまの手だてで、われらの無上の信心を開き起こして下さるのである」とございますゆえ、まことの信心の定まることは、釈迦・弥陀の御《おん》はからいと拝察します。浄土に生まれるとの心に疑いのなくなりますのは、摂取され申したゆえと拝察します。摂取された上は、どのようにも、わたくしのはからいはあるべくもないと存じます。浄土へ生まれるまで、不退《ふたい》の位でいらっしゃるのであって、「正定聚《しょうじょうじゅ》の位」と名づけておいでになることであります。まことの信心を、釈迦如来・弥陀如来の二尊《にそん》の御《おん》はからいによって起こさせしめられるということですから、信心が定まるというのは、摂取にあずかるときであります。その後は、正定聚の位であって、実際に浄土へ生まれるまで変わることはないと拝察します。ともかくも、わたくしのはからいを、塵《ちり》ほども交えるべきではないのであって、さればこそ、他力と申すことです。あなかしこあなかしこ

十月六日　親鸞［花押］

しのぶの御房への御返事

【解　説】

本消息以降は、年号の推定できなかった消息です。真宗の教えの要所である「摂取不捨」ということについて「しのぶの御房」から寄せられた質問にお答えになった返信で

す。真蹟が伝えられています。「しのぶの御房」という名は、他の文献には見えませんが、「しのぶ」を地名と見るならば、福島県の信夫郡《しのぶぐん》を指すと考えられます。信夫郡にゆかりのある人物として伝承のあるのは、明教房です。『大谷遺跡録《おおたにいせきろく》』には、「奥州信夫《しのぶの》郡《こおり》福島康善寺《ふくしまこうぜんじ》は高祖（親鸞）直弟《じきてい》富田明教房の遺跡也」とあります。ただし「しのぶの御房」が明教房を指すとの確証はありません。

ところで「しのぶ」の文字は、真筆の原本には草仮名で「志乃不」とあります。乃と不の二文字が一度削られて、書き直されていて墨の色も違うことから、後に手が加えられたのではないかとの憶測も生みました。しかし、単に書き損じただけで、ご自身で、あるいは依頼を受けた誰かが、しっかり乾くのを待って文字を削り、改めて筆を入れたと考えられないでしょうか。墨の色が違うのは当然です。御消息集のなかでは比較的新しい編集である『末燈鈔』（覚如上人の次男従覚の編集）の所収本には「真仏御房」とあります。しかし、より古い編集である「善性本《ぜんしょうぼん》」（直弟善性の編集）には、やはり「しのぶの御房」とあります。あくまでも推測ですが、『末燈鈔』がよりどころとした写本の伝承の過程で、「志乃不乃」を「志无不无」（しんぶん）」と読み誤って「しんぶんのおんぼう」と受け取り、「真仏御房」と書き改めたものと考えられます（歴史的には「仏」は「ぶつ」ではなく「ぶん」に近い発音となる）。

内容的には、「摂取不捨」ということについて、蛇足《だそく》を加える余地のないほどに、懇切に解説していらっしゃいます。わたくしのはからいは、わずかであっても交えてはならないと、他力の要旨を述べて、締めくくっていらっしゃいます。

【原　文】

たづね　おほせられて候《そうろう》　摂取不捨《せっしゅふしゃ》の事は　*般舟三昧行道往生讃《はんじゅざんまいぎょうどうおうじょうさん》と申《もうす》におほせられて候を　みまいらせ候《そうら》へば　釈迦如来　弥陀仏　われらが　慈悲《じひ》の父母《ぶも》にて　さまざまの方便にて　我等が無上信心をば　ひらきおこさせ給《たまう》と候へば　まことの信心の　さだまる事は　釈迦弥陀の　御《おん》はからいと　みえて候往生の心《しん》　うたがいなく　なり候は　摂取せられまいらするゆへと　みえて候摂取のうへには　ともかくも　行者《ぎょうじゃ》のはからい　あるべからず候　浄土へ往

生するまでは　不退《ふたい》のくらゐにて　おはしまし候へば　正定聚《しょうじょうじゅ》のくらゐと
なづけて　おはします事にて候なり　まことの信心をば　釈迦如来　弥陀如来
二尊《にそん》の御《おん》はからいにて　発起《ほっき》せしめ給　候《たまいそうろう》と　みえて候へば　信心の　さだま
ると申は　摂取に　あづかる時にて候なり　そののちは　正定聚のくらゐにて
まことに　浄土へむ《(生)》まるるまでは　候べしと　みえ候なり　ともかくも　行者
のはからひを　ちりばかりも　あるべからず候へばこそ　他力と申事《もうすこと》にて候
へ　あなかしこ　あなかしこ

十月六日　　親鸞［花押］

しのぶの御房《おんぼう》の御返事《おんかえりこと》

【語　釈】

般舟三昧行道往生讃《はんじゅざんまいぎょうどうおうじょうさん》　略して『般舟讃』——と言う。善導大師の著作。

（四十二）「専信御坊　御報」

——年不詳の消息②（十一月十八日付）

【現代語訳】

（第四十二通）

〔専信の書簡〕

ある人の言葉ですが、「往生の業因《ごういん》は、一念《いちねん》に信心を発起《ほっき》するとき、無礙《むげ》の心《しん》光《こう》におさめ取られ護《まも》られ申す身となるので、同一である。それゆに不審はない。それゆえに改めて信・不信を論じ尋ね申す必要もない」とのことです。「それゆえに他力である。義のないなかの義である。ただ無明《むみょう》ということは、覆《おお》われている煩悩《ぼんのう》ばかりである」とのことです。恐々謹言《きょうきょうきんげん》

十一月一日

専信《せんしん》上《たてまつ》る

〔聖人の返信〕

仰《おお》せにあります「往生の業因」は、真実信心をうるとき、おさめ取って捨てずと言われる利益《りやく》にあずかったと知らされるので、必ず必ず如来の誓願に身を寄せると悲願に見えます。「もしわたしが仏《ぶつ》のさとりを得られるとして、国中のあらゆる者が、正定聚《しょうじょうじゅ》に身を置き、必ず滅度《めつど》に至ることがないようならば、さとりをうることはない」（第十一願）と誓っていて下さいます。正定聚に、信心の人は身を置いたのだと受け取ったならば、わたくしのはからいの余地はないのであって、それゆえに「義なきを義とす」と他力の趣《おもむき》を申すのです。善悪ということも、浄穢《じょうえ》ということも、わたくしのはからいを離れた身となりあそばしたからこそ、「義なきを義とす」と申すことです。

十七願に、「わが名をほめとなえられよう」と誓われ、十八願に、「信心がまことならば、もし生まれないようなら、仏とはなるまい」と誓われています。十七・十八の悲願が、みなまことならば、正定聚の願も、無益ということがありましょうか。補処《ふしょ》の弥勒菩薩《みろくぼさつ》と同じ位に信心の人はおなりあそばしたわけで、摂取《せっしゅ》不捨《ふしゃ》の身と定められたのです。

このように、他力と申しますのは、わたくしのはからいは、塵《ちり》ほども要らぬのです。このいわれを「義なきを義とす」と申すのです。これ以外には、特に申し上げるべきことはありません。「ただ仏におまかせ申しなされ」と、大師聖人《だいししょうにん》（源空）のお言葉であります。

十一月十八日　　親鸞

専信坊殿《せんしんぼう》へ　御返答

【解　説】

ある同朋の領解の言葉を専信房が伝えたのに対する聖人の返信です。領解の言葉のなかに、「義なきがなかの義（義のないなかの義）」とあり、少しぎこちない言い方に変わっている点が気になるところですが、聖人は、それにはかまわずに、「義なきを義とす」という他力を表す言葉の心を、願文《がんもん》を引きながら、ねんごろに説いていらっしゃいます。そのなかに、第十一願を引いていらっしゃるのが、他の消息では見られない特徴です。また第十一願は、証果を明かす願であることから「必至滅度《ひっしめつど》の願」と呼ばれることがほとんどですが、ご著書も含めて、本消息でのみ「正定聚の願」と呼んでおいでになります。願の当面の意は、浄土に住む者は、等しく正定聚に身を置くというものです。それを、現生からの正定聚と味わっていらっしゃる点は、他の消息やご著書と共通しています。

結びの部分に出される、「ただ仏に　まかせまいらせ給へ（ただ仏におまかせ申しなされ）」という法然上人のお言葉は、本消息でのみ見られるものです。何気ない一言のようにも思われますが、よく味わってみると、「画龍点睛《がりょうてんせい》」とも言うべき、核心に迫るお言葉と感じます。

【原文】

〔専信の書簡〕

或人云《あるひとのいわく》

往生の業因《ごういん》は　一念発起信心《いちねんほっきしんじん》のとき　無礙《むげ》の心光《しんこう》に　摂護《しょうご》せられまいらせ候《そうらい》ぬれば　同一也《なり》　このゆへに　不審なし　このゆへに　はじめて　また信不信を論じ　たづね申《もうす》べきにあらずとなり　このゆへに　他力なり　義なきがなかの義なり　ただ無明《むみょう》なること　おほはるる煩悩《ぼんのう》ばかりとなり　恐々謹言《きょうきょうきんげん》

十一月一日　　専信《せんしん》上《たてまつる》

〔聖人の返信〕

おほせ候《そうろう》ところの　往生の業因は　真実信心をうるとき　摂取不捨《せっしゅふしゃ》にあづか

るとおもへば　かならず　かならず　如来の誓願に住すと　悲願にみえたり　設我得仏《せつがとくぶつ》　国中人天《こくちゅうにんでん》　不住定聚《ふじゅうじょうじゅ》　必至滅度者《ひっしめつどしゃ》　不取正覚《ふしゅしょうがく》と　ちかひ給《たま》へり　正定聚に　信心の人は住し給へりと　おぼしめし候《そうらい》なば　行者《ぎょうじゃ》のはからいのなきゆへに　義なきを義とすと　他力おば申なり　善とも悪とも　浄《じょう》とも穢《え》とも　行者のはからひなきみと　ならせ給《たまい》て候《そうら》へばこそ　義なきを義とすとは申ことにて候へ　十七の願に　わがなをとなえられむと　ちかひ給《たまい》て　十八の願に　信心まことならば　もしむ《（生）》まれずは　仏《ぶつ》にならじと　ちかひ給へり　十七　十八の悲願　みなまことならば　正定聚の願は　せむ《（詮）》なく候べきか　補処《ふしょ》の弥勒《みろく》におなじくらゐに　信心の人は　ならせたまふゆへに　摂取不捨とはさだめられて候へ　このゆへに　他力と申すは　行者のはからいの　ちりばかりも　いらぬなり　かるがゆへに　義なきを義とすと申なり　このほかに　また　まふすべきことなし　ただ仏に　まかせまいらせ給へと　大師聖人《だいししょうにん》のみことにて候《そうら》へ

十一月十八日　親鸞

専信御坊　御報
せんしんのおんぼう　ごほう

（四十三）「弥陀の本願は行にあらず善にあらず」

――年不詳の消息③（日付なし）

【現代語訳】

（第四十三通）

『宝号経《ほうごうきょう》』に述べられます。「阿弥陀仏の本願の心は、行《ぎょう》ではないし、善でもない。ただ仏《ぶつ》の名《みな》をたもつのである」と。名号《みょうごう》そのものは、善であり、行であります。行というのは、善をおこなうにつき言う言葉です。本願は、もとより仏のお約束と心得たならば、こちらの善でもないし、行でもないというのです。それゆえに、他力と申すのです。本願の名号は、能動的な生まれる因《いん》です。生まれる因というのは、すなわち父にあたります。大悲《だいひ》の光明は、受動的な生まれる縁です。生まれる縁というのは、母にあたります。

【解　説】

日付も宛名もない法語的な消息で、書簡としての趣はありません。内容的には、「行にあらず、善にあらず」というお言葉に目がとまります。この言葉は、他の消息にはなく、ご著書でも『教行信証』の信巻に一箇所、信心の世界の徳を述べる文脈のなかで出されるだけです。ただし『歎異抄』には、「念仏は、行者のために非行《ひぎょう》・非善《ひぜん》なり」というお言葉が伝えられており、口伝《くでん》に近い扱いだったのかも知れません。その言葉の根拠を、唯一示されているのが本消息であって、そういう意味では、短いながらも重みのある一通です。ただし『宝号経』という名の経は、現存の大蔵経《だいぞうきょう》にはなく、どのような内容であったのかは定かでありません。

【原　文】

宝号経《ほうごうきょう》にのたまはく　弥陀の本願は　行《ぎょう》にあらず　善にあらず　ただ仏名《ぶつみょう》をたもつなり　名号《みょうごう》は　これ善なり　行なり　行といふは　善をするについていふことばなり　本願は　もとより　仏《ぶつ》の御約束《おんやくそく》と　こころえぬるには　善にあらず　行にあらざるなり　かるがゆへに　他力とは　まふすなり　本願の名号は　能生《のうしょう》する因なり　能生の因といふは　すなはち　これ父なり　大悲《だいひ》の光明は　これ　所生《しょしょう》の縁なり　所生の縁といふは　すなはち　これ母なり

参照文献

浄土真宗聖典（原典版）　本願寺出版部
浄土真宗聖典（註釈版）　本願寺出版社
浄土真宗聖典七祖篇（註釈版）　本願寺出版社
浄土真宗聖典全書（二）宗祖篇上　本願寺出版社
真宗聖教全書（三）歴代部、同（四）拾遺部上　大八木興文堂
親鸞聖人眞蹟集成（第五巻・第六巻）　法蔵館
親鸞聖人のお手紙　御真筆御消息のすべて　同朋舎メディアプラン
教行信證六要鈔會本　豊後光西寺釋圓爾會　丁子屋九郎右衛門
親鸞聖人門侶交名牒・信海書状　真宗史料集成（第一巻）　同朋舎出版
尊卑分脈・日野一流系図・本願寺系図　真宗史料集成（第七巻）
大谷遺蹟録　先啓了雅　真宗全書（六五）・真宗史料集成（第八巻）
大谷本願寺通紀　玄智景耀　真宗全書（六八）・真宗史料集成（第八巻）

為本記・越前三門徒法脈（仰明寺乗恩記）　真宗史料集成（第四巻）
毫摂寺由緒略歴　真宗史料集成（第七巻）
末燈鈔管窺録　僧鎔述　真宗全書（四七）
末燈鈔信行一念章講義　香月院深励述　続真宗大系（十三）
御消息集講讃　宮地廓慧　百華苑
親鸞書簡の研究　多屋頼俊　多屋頼俊著作集（三）　法蔵館
末燈鈔講讃　霊山勝海　永田文昌堂
現代の聖典　親鸞書簡集　細川行信・村上宗博・足立幸子　法蔵館
親鸞聖人御消息講読　五十嵐大策　永田文昌堂
親鸞聖人の一生　今井雅晴　築地本願寺
改訂　歴史のなかに見る親鸞　平雅行　法蔵館
近江の聖跡しおり　滋賀教区布教団聖跡調査委員会編
真宗新辞典　法蔵館
浄土真宗辞典　本願寺出版社

＊ 著者紹介 ＊

瓜生津 隆文（うりゅうづ りゅうぶん）

昭和37年生まれ。仏教誌編集主幹を経て、現在書籍編纂・仏典翻訳等に従事。浄土真宗本願寺派法城寺住職。

著書 『浄土真宗・教義の誤解』『親鸞さまってどんな方？』『訳解歎異抄』（以上探究社）『違いと特徴でみる仏教』（共著・大法輪閣）他

親鸞聖人の「御消息」を味わう
～現代語訳・解説・原文～

2024年６月１日　第１刷発行

著　者　瓜生津隆文
発行者　鹿 苑 誓 史
発行所　合同会社 自照社
〒520-0112 滋賀県大津市日吉台4-3-7
tel：077-507-8209 fax：077-507-9926
hp：https://jishosha.shop-pro.jp
印　刷　亜細亜印刷株式会社

ISBN978-4-910494-34-0